Dietrich Volkmer

Der erste Messias ?

Bildnis eines zu früh Geborenen

Dietrich Volkmer

Der erste Messias ?

Bildnis eines zu früh Geborenen

Die Deutsche Nationalbibliothek verzeichnet diese Publikation
in der Deutschen Nationalbibliografie;
Detailierte bibliografische Daten sind im Internet über
http://dnb.ddb.de
abrufbar

Text, Layout und Umschlaggestaltung: Dr. Dietrich Volkmer

Dr. Dietrich Volkmer
www.drvolkmer.de   www.literatur.drvolkmer.de

Herstellung und Verlag:
BoD - Books on Demand,
Norderstedt
Printed in Germany

ISBN 978-3-7347-6058-7

Inhaltsverzeichnis

Wo immer ein Mensch aufhört zu denken:
„Was meinen Vorvätern genügte, ist auch für
mich gut genug", wo immer in ihm neue Ideale
und neue Wünsche lebendig werden nach Dingen, die er gern hätte – dort ist die Geburts-
stätte des Fortschritts.

K.O. Schmidt

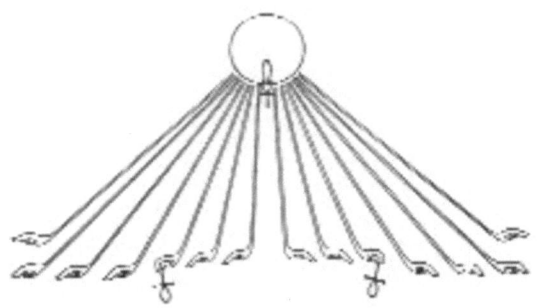

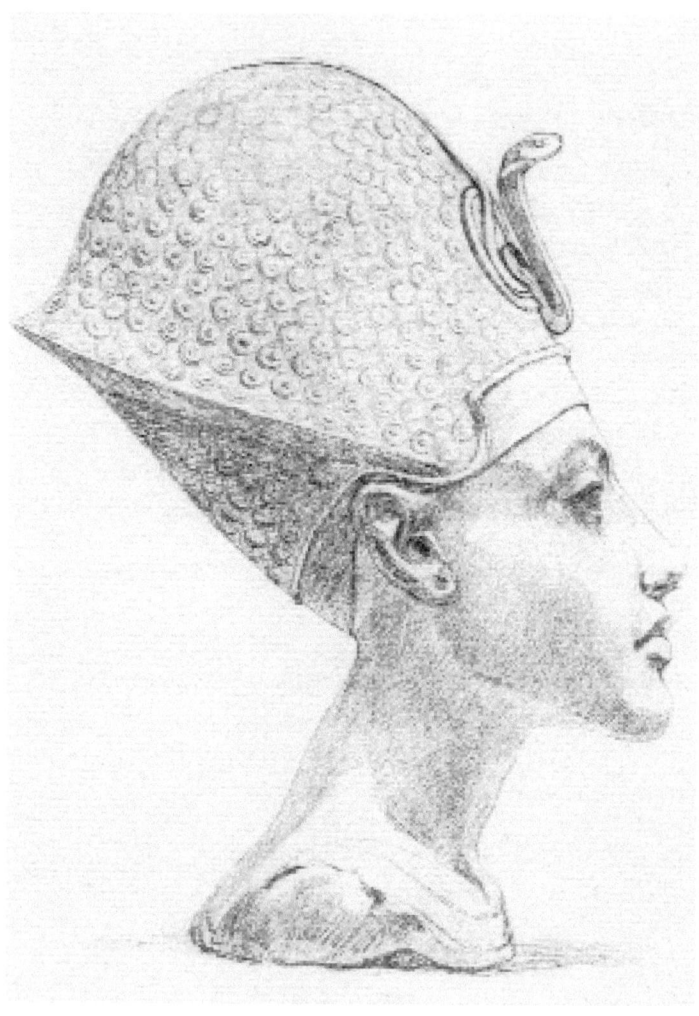

Echnaton - so könnte er ausgesehen haben
Unbekannter Maler
Gefunden in einem Antiquariat

Vorwort

Dieses Buch ist eine Art Folge des Buches „Tagebücher vom Nil", das sich mit dem Leben von Nofretete, Echnaton und seiner Mutter Teje befasste. Ein Art Fortsetzung, aber unter anderen Voraussetzungen und aus einem anderen Betrachtungswinkel.

Waren es in den Tagebüchern Betrachtungen dreier Lebensläufe in einer Ich-Form, von den jeweiligen Hauptpersonen erzählt bzw. fiktiv niedergeschrieben, so ist es diesmal eine Auseinandersetzung mit der neuen Religion, ihren Auswirkungen, ihrem Inhalt und ihrer Botschaft. Im Mittelpunkt steht er, der Pharao Echnaton, der diese Ideen in die Welt getragen und umzusetzen versucht hat.

Der Untertitel mag dem Leser erst einmal befremdlich klingen. „Ein zu früh Geborener" hat nichts mit einer Frühgeburt zu tun. Sondern es ist ein Mensch, den das Schicksal oder was auch immer in eine Zeit hineingestellt hat, die für ihn mit seinen Gedanken und Ideen noch zu früh war.

Es gibt nicht übermässig viele konkrete Anhaltspunkte aus seinem Leben und Wirken, denn vieles war den Nachfolgern im äussersten Sinn suspekt und gefährlich. Es galt daher, das Andenken an diesen kühnen und anders denkenden Pharao so schnell wie möglich zu vergessen und alles Habbare zu vernichten. Ja, es galt weiterhin, seinen Namen aus der Geschichte auszulöschen, so als habe er nie gelebt. Denn ohne Namen versinkt ein Mensch nach seinem Tod im Nichts.

Die Rächer haben in ihrem Zorn ganze Arbeit geleistet. Es blieb nicht viel aus jener Zeit übrig. Und was von zürnender Menschenhand nicht vernichtet wurde, haben Sonne, Sand und Wind im Lauf der Jahrhunderte vollendet. Zum Glück blieb uns sein Hymnus an die Sonne als einziges Werk erhalten. Ob es weitere religiös-poetische Gedichte gab, entzieht sich bislang unserer Kenntnis.

Das absolute Novum in der bis dahin abgelaufenen Geschichte Alt-Ägyptens, wahrscheinlich wohl der ganzen damaligen Welt, der Bau einer völlig neuen Hauptstadt für den einen, zwar nicht ganz neuen, aber nunmehr zum einzigen deklarierten Gott war eine planerische und logistische Meisterleistung, bewirkt und gefördert durch einen unglaublichen Enthusiasmus.

Es ist das Verdienst der Alten Griechen, uns dieses wundervolle Wort Enthusiasmus geschenkt zu haben. Denn darin steckt in der zweiten Silbe das Wort „thu" als Abkürzung von „theo" gleich Gott. Es war nämlich die Begeisterung für diesen Gott, für Aton, für das Neue, für die Abkehr von alten, teilweise erstarrten Traditionen, die den damaligen Herrscher samt seinen ihm ergebenen Mitarbeitern zu diesem gewaltigen Werk beflügelten. Einschränkend muss wohl hinzugefügt werden, dass diese Art von Begeisterung der Untergebenen sicher nicht immer echt und ehrlich war, sondern von oben herab befohlen war und der sich der Einzelne nur schwer entziehen konnte, ohne für die Folgen gerade stehen zu müssen. Es gab also auch damals schon Trittbrettfahrer, die ihr Mäntelchen immer nach dem Wind ausrichteten, in diesem Fall kann man sie getrost als religiöse Opportunisten bezeichnen.

Sie haben, von wenigen Ausnahmen wohl abgesehen, seine neue Lehre auch nicht in vollem Umfang verstanden, sondern schwammen einfach mit, um dann, als das neue Fanal erlosch, eine Kehrtwende zum alten Denken zu vollziehen.

Echnaton selbst musste seiner Zeit ein Fremder bleiben, weil er wie viele andere Grosse ein Zu-Früh-Gekommener war, ein Mensch von Übermorgen, eine Frühgeburt kommender Jahrhunderte.

Zeit ist ein Einfallstor der Ewigkeit. Wenn sich eine Tür nicht richtig öffnen lässt oder aus Unkenntnis zugeschlagen wird, so wird sich, wenn für die Entwicklung der Menschheit notwendig, diese Idee wieder als erneuter Versuch Einlass verschaffen wollen.

Bad Soden, im Februar 2015
(Vorwort zur überarbeiteten Neu-Auflage)

Im Pantheismus zum Polytheismus

Wenn wir das Wort Bewusstsein erwähnen, so glaubt jeder, zu wissen, um was es sich sich handelt. Hakt man jedoch nach, dann merkt man, wie schwammig und unpräzise die Antworten werden.

Am besten wird es an zwei Wörtern deutlich.

Die beiden Wörter „gewusst" und „bewusst" unterscheiden sich nur durch einen Konsonanten, aber vom Inhalt her trennen sie Welten.

Gewusst, das ist Logik und Verständnis, heutzutage durch Internetplattformen schnell abrufbar.

Im Wort „bewusst" steckt mehr drin – es enthält eine gewisse Unschärfe.

Geht man noch einen Schritt weiter und fragt nach dem Sitz des Bewusstseins, dann antwortet die Mehrzahl der Befragten: „Es sitzt im Gehirn!"

Das mag stimmen oder stimmt sogar, aber die exakte Lage ist noch immer ungeklärt.

Selbst wenn wir ungefähr bestimmen könnten, in welcher Region sich das Bewusstsein befindet, ergibt sich eine zweite, nicht minder schwierige Frage: Ab wann besitzen Lebewesen so etwas wie Bewusstsein? Ist der Homo sapiens das einzige Wesen, das dieses eigenartige Phänomen aufweist? Wenn ja, ab wann kann man ihm dieses Attribut zusprechen? Weist ein neugeborenes Kind es bereits auf? Oder in der Gesamtgeschichte gesehen: Beginnt es erst mit dem Neandertaler? Oder war es schon früher vorhanden.

Irgendwann einmal muss es jenen schwer fassbaren, aber denkwürdigen Augenblick gegeben haben, in dem ein hominides Wesen aus der Dumpfheit der Tierseele heraustrat in das klare Licht des Verstandes.

In diesem Zusammenhang sei ein Wort des heute kaum noch gelesenen und nicht mehr so bekannten Essayisten Peter Bamm zitiert. In seinem Buch „Adam und der Affe" beschreibt er es so: Es ist der Moment, in dem aus dem Menschenaffen ein Affenmensch wurde. Um nicht falsch verstanden zu werden: Es ist nicht so, dass ein Menschenaffe ein Wesen zur Welt brachte, das jetzt ein Affenmensch war. Dieser Prozess dürfte schon einige tausend Jahre, wenn nicht mehr gedauert haben.

Um dieses nicht eben leichte Thema noch weiter auszubauen, sei die obige Frage erneut aufgegriffen: Ist Bewusstsein ausschliesslich dem Menschen vorbehalten oder beginnt es schon viel früher in der Geschichte dieser Welt? Um diese Frage noch mehr auf die Spitze zu treiben: Hat ein Atom bereits Bewusstsein? Sind die chemischen Prozesse, in denen sich Atome miteinander zu komplexeren Formen verbinden, nicht bereits derartige bewusste Reaktionen oder gehorchen sie nur einem blinden physikalischen Zufall, bedingt durch entsprechende positive und negative Ladungen? Wie schaut es mit unserer Heimat im All aus – unserem Planeten Erde? Bestimmt sie selbst ihre Rotation und ihren Abstand von der Sonne oder ist sie nur rein zufällig in dieser Position, um Leben in ihrem Sinn hervorzubringen und zu unterhalten? Wir wissen es nicht. Daher überlassen wir diese Spekulationen einem Symposium aus Physikern und Philosophen.

Es liegt in der Natur der Dinge, dass wir Menschen alles durch unsere menschliche Brille sehen – wie könnten wir auch anders?

Die Tiere und Pflanzen scheinen so etwas wie eine Gruppenseele zu haben, über die sie in ständigem Kontakt miteinander stehen. Auf modern ausgedrückt: Eine Art Netzwerk. Besonders gut kann man es beim Vogelflug beobachten. Es ist immer wieder frappierend zu sehen, wie ein ganzer Schwarm von Vögeln abrupte Kurven und Wendungen vollzieht, aufeinander abgestimmt wie eine Kompanie Soldaten.

So ähnlich muss es wohl in der Zeit der Prähominiden gewesen sein. Doch irgendwann trat der Mensch im Zuge der Evolution aus dieser Phase heraus, er erkannte sich als Individuum, er erlebte sich als „Ich". Ein völlig neues Phänomen in der Phylo- und Ontogenese. Zugleich mit dem „Ich" trat zwingend eine weitere Institution in die Welt, das „Du".

In der biblischen Schöpfungsgeschichte im 1. Buch Mose ist diese Entwicklung in einfachen Worten beschrieben:

„Und Gott der Herr machte aus Erde alle die Tiere auf dem Felde und alle die Vögel unter dem Himmel und brachte sie zu dem Menschen, dass er sähe, wie er sie nennte; denn wie der Mensch jedes Tier nennen würde, so sollte es heissen.

Und der Mensch gab jedem Vieh und Vogel unter dem Himmel und Tier auf dem Felde seinen Namen."

Was hier so einfach klingt, ist in symbolischer Sprache das Heraustreten des Menschen aus der Einheit mit allen Tieren. Denn das allegorische Benennen ist das Erkennen im Aussen als Nicht-Ich und damit als Abgetrenntes.

Weiter erleben wir es in der Aufspaltung in Mann und Frau, in Adam und Eva, in den Beginn der heraufziehenden Polarität, der weiteren Trennung in die Gegensätze, die schlussendlich den Beginn der menschlichen Entwicklung bedeuteten.

Nun tritt der Mensch in eine neue Phase der Erkenntnis.

Er beginnt mir der sich entwickelnden Ratio Zusammenhänge zwischen Ereignissen im Aussen und sich selbst herzustellen.

Der Mensch beginnt zu fragen. Das „Warum" und „Wieso" betritt die Weltbühne.

Im Aussen gibt es eine Unmenge von Vorkommnissen, die nicht erklärlich oder erklärbar scheinen. „Warum werde ausgerechnet ich von diesem Tier verletzt?" „Warum fällt ausgerechnet dieser Baum auf meine bescheidene Hütte?" „Wieso dringt Wasser in die von mir als Behausung gewählte Höhle ein?"

Man könnte diese Fragen noch weiter ausdehnen.

Irgendwann vermutet der frühe Mensch irgendwelche Wesenheiten unsichtbarer Natur hinter jedem Geschehen, deren Sinn wohl nur sie verstehen.

So bevölkert der Urmensch mit der Zeit die gesamte Umwelt mit Geistern und Dämonen.

Ein Pan-Dämonismus.

Später werden diese merkwürdigen Geister zu Göttern aufgewertet, die nunmehr mit Namen bezeichnet werden, um mit ihnen durch gewählte Priester oder Schamanen in Kontakt treten zu können.

Es ist die Geburt des Pan-Theismus.

Wenn demzufolge diese wirkenden Mächte, wie der Urmensch sie vermutet, für mich, meine Familie oder meine Vorhaben günstig gestimmt

werden sollen, so muss man ihnen ebenfalls wohlwollend gegenüber-
treten und ihnen Geschenke machen, ihnen opfern. Es ist eine Art Vor-
stufe von Religion, wobei im eigentlichen Begriff Religion im Grunde
wesentlich mehr enthalten ist, wie später noch zu sehen sein wird.

Im Lauf der Weiterentwicklung vom Nomadendasein zu Frühformen
der Staatenbildung änderte sich die Betrachtungsweise erheblich.

Die alten Hochkulturen übernahmen zuerst diesen Pantheismus, wan-
delten und formten ihn dann durch weitere Abstraktion und aber auch
Verbildlichung in den Polytheismus um.

Jeder der Götter herrschte über bestimmte Bereiche der Welt und damit
auch über den Menschen. Je nach Herrschaftsbereich und Zuständigkeit
besassen diese Götter Gestalten, die anthropoid oder auch tierhaft
waren. Zum Teil trugen sie fratzenhafte, furchteinflössende Züge.

Je nach Wunsch oder Absicht galt es also, sich den richtigen Gott aus
diesem Pantheon herauszusuchen und mit ihm einen wie auch immer
gearteten Versuch eines Dialoges aufzunehmen, der sich in der Regel
aber als Monolog darstellte.

Religion ist demzufolge ein dem Menschen innewohnendes Bedürfnis
und Verlangen, Sinnhaftigkeit hinter allem zu suchen, zu finden oder
zu sehen.

Oder etwas anders formuliert: Eine Erklärung für die auf der Welt ab-
laufenden Geschehnisse und Prozesse im Wirken von Wesenheiten zu
sehen, die über dem Menschen stehen, die dem Menschen überlegen
sind und die es gilt, positiv einzustimmen in Form von Gebeten, Opfern
und entsprechendem Wohlverhalten.

Als Vergleich bietet sich die Puppe an, die an Fäden durch einen vom
Zuschauer nicht sichtbaren Dirigenten geführt wird.

Natürlich wirft dieser Vergleich wiederum Fragen auf: Denn wo ist
Führung und wo beginnt die Eigeninitiative? Ist der Mensch fremdbe-
stimmt oder hat er einen freien Willen? Das wiederum sind Fragen, die
in das Reich der Philosophie fallen und die sicher bisher sehr konträr
durchdiskutiert worden sind und immer noch werden.

Die Bedeutung des Wortes Messias

Das Wort Messias in unserem Sprachgebrauch ist die gräcisierte Form des hebräischen Wortes „Maschiach", das so viel heisst wie „Der Gesalbte". Im Griechischen ist es das Wort „Christos".

Es taucht im Verlauf des Alten Testamentes häufiger, zum Teil in Prophezeiungen, auf, denn für die Israelis war es so etwas wie ein Erlöser, der sie aus ihrem Leid, ihrer Knechtschaft etc. befreien sollte.

Vorerst soll das Wort Maschiach als solches im Vordergrund stehen. Es wäre zu oberflächlich, wenn wir bei der reinen Übersetzung stehen blieben.

Denn hinter dem Wort „Maschiach" steckt wesentlich mehr.

Dazu ist ein kleiner Ausflug in die Kabbala, die jüdische Geheimlehre notwendig. Die Ausführungen im folgenden verdanke ich meinem Lehrer Friedrich Weinreb. Ich hatte das grosse Glück, ihn einige Male zu hören, zu erleben und mit ihm zu reden. In seinen Büchern lebt er bei mir noch fort.

Die hebräischen Buchstaben haben in der Lehre der Kabbala eine wesentlich tiefer gehende Bedeutung als die griechischen oder unsere lateinischen Buchstaben.

Neben ihrem Lautwert haben sie zusätzlich einen Zahlenwert und einen Symbolwert. Wer sich in diese Thematik näher einarbeiten möchte, dem empfehle ich das Buch von Weinreb „Zahl, Zeichen, Wort" (näheres s. unter Literaturverzeichnis).

	Name	Zahlenwert	Bedeutung
א	Alef	1	Haupt des Rindes
ב	Beth	2	Haus
ג	Gimmel	3	Kamel
ד	Daleth	4	Tür

15

Dazu soll der Blick auf die ersten vier Zeichen des Alphabets – oder wie es im Hebräischen heisst: das Aleph-Beth gerichtet werden, um das folgende besser zu verstehen.

Das Wort Beth dürfte den meisten aus dem Ortsnamen Bethlehem bekannt sein, das auf deutsch Haus des Brotes bedeutet.

Zählt man bei einem Wort die Zahlenwerte der Einzelbuchstaben zusammen, so ergibt sich daraus ein Gesamtzahlenwert.

Das erscheint erst einmal nichts Besonderes zu sein.

Aber hinter diesem scheinbar Vordergründigen steckt ein Geheimnis.

Wörter, die einen gleichen Gesamtzahlenwert haben oder aus ähnlichen Zahlen kombiniert sind, besitzen einen irgendwie gearteten, nicht immer gleich ersichtlichen inneren Zusammenhang.

Dazu ein Beispiel, das für die weiteren Schritte wichtig ist

Zahl Zeichen Wort in der Bibel

נחש

nachasch Schlange 50 - 8- 300

נפל

naphol Fall 50 - 80 - 30

נפש

nefesch leibl. Seele 50 - 80 - 300

Oberflächlich betrachtet ergibt sich, trotz vieler ähnlicher Zahlen, kein Zusammenhang. Ruft man sich jedoch die biblische Schöpfungsgeschichte ins Gedächtnis, so wird vieles deutlicher.

Es ist die Schlange, nachasch im Hebräischen, die sich vom Baum herab, von oben nach unten wendet, die den Menschen – sprich Adam

– ins Unheil, in die Polarität, aus dem Paradies treibt. Der Fall, „na-phol" im Hebräischen, des Menschen also aus der ursprünglichen Ein-heit. Mitsamt seiner körperlichen Seele, der nefesch im Hebräischen.

Abbildung 1
Adam und Eva unter der sich
herabwindenden Schlange
(Lucas Cranach d.Ä. 1472-1553)

Sie überredet Eva, den weiblichen Pol, vom Baum der Erkenntnis zu essen und zwischen Gut und Böse unterscheiden zu können. Damit endet die Einheit des Menschen mit allem was ist. Er ist ein Getrennter und damit wird so etwas wie Entwicklung eingeleitet.
Im Wort Evolution wird es noch etwas deutlicher. Evolvere bedeutet so viel wie auswickeln. Wenn etwas ausgewickelt werden soll, dann muss zwingend vorher etwas eingewickelt worden sein.
Was kann das sein? Wer ist der Urheber?

17

Es scheint wie folgt zu sein - in einfachen Worten ausgedrückt: Der Schöpfer hat dem Leben die Möglichkeit gegeben, hier im Bereich der Materie Erfahrung zu sammeln, um irgendwann einmal zurückzukehren in die Einheit. Dabei spielt Zeit keine Rolle, denn Zeit ist ein geheimnisvolles Geschehen, das nur hier in der Welt des Werdens eine Bedeutung hat.

Es ist ein Plan, der in allem steckt, den es für den Menschen gilt, zu erkennen und ihn zu erfüllen. Eine wahrhaft schwere Aufgabe.

Es ist angebracht, noch einige Worte zum Begriff „nefesch" zu verlieren. Man übersetzt es, wie oben erwähnt, als leibliche Seele. Es ist der Gegensatz zum Begriff „neschama" – dem göttlichen Seelenanteil im Menschen.

In der modernen Betrachtungsweise wird der Begriff „nefesch" etwas deutlicher. In der Lehre der Anthroposophen ist die Rede von der Bildekräfteschicht. Nach den Erkenntnissen von Burkhard Heim sprechen wir von Bios, Biosphäre, Vitalsphäre. Es sind jene unsichtbaren Geschehnisse, die sämtliche körperlichen Vorgänge steuern und die ebenfalls beim Fall aus dem Paradies mit in die Zweiheit, in die Polarität gefallen und somit ein Teil des Menschen sind. Denn eine willentliche Steuerung der Körperchemie ist den meisten Menschen wohl unmöglich, es ei denn er befindet in tiefer Versenkung oder Meditation.

Bei der weiteren Zahlenaufschlüsselung wird es nunmehr immer geheimnisvoller.

Wie bereits erwähnt: Maschiach ist das hebräische Wort für Messias. Vergleichen wir jetzt die Zahlenwerte von Maschiach und Nachasch (Schlange) und addieren die Einzelzahlen, so ergibt es jedesmal 358

Ein Zufall?

Ein Konstrukt?

Friedrich Weinreb sagt deutlich: Nein!

Die Buchstaben wurden dem Menschen von oben eingegeben, geschenkt, vermittelt und nicht vom Menschen intellektuell konstruiert.

So erscheinen überhaupt Wörter – jene unabdingbaren Möglichkeiten menschlicher Ausdrucksform und gehobener zwischenmenschlicher Kommunikation (Gesten, Gebärden und sonstige nonverbale Möglichkeiten einmal ausgeklammert) – dem Menschen in seiner eigenen Sprache auf geheimnisvolle Art und Weise eingegeben.

Zurück zu den beiden Wörtern. Wie bereits erwähnt ist es in der biblischen Schöpfungsgeschichte die Schlange, die sich von oben nach unten herabwindet, die Eva in Versuchung führt und dadurch den Menschen aus dem Paradies treibt.

Der Mensch stürzt aus der Einheit, er entfernt sich scheinbar von Gott. Er wird damit aber un-heil und sterblich.

Als Heilmittel gegen dieses Un-Heilsein gilt die aufgerichtete Schlange, die sich von *unten* nach *oben* windet. Es ist die Schlange, wie sie in der Symbolik des echten Arzttums zu finden ist. Es ist der Caduceus, der Hermesstab mit den zwei sich nach oben windenden Schlangen.

Die meisten Ärzte und Therapeuten sind sich dieser Symbolik überhaupt nicht bewusst. Früher – als Arzttum und Priestertum noch innig beieinander lagen, war man sich dieser Dinge eher bewusst. Heute ist diese Erkenntnis hinter Geräten und Maschinen völlig verschwunden. Eine der ersten ausführlichen Erwähnungen zum Thema der aufgerichteten (heilenden) Schlange finden wir im Alten Testament (4. Buch Mose, Kap. 21):

Das Volk aber wurde der Wanderung überdrüssig. Das Volk redete gegen Gott und Moses „Warum habt ihr uns aus Ägypten herausgeführt, dass wir in der Wüste sterben? Denn kein Brot ist da, kein Wasser! Dieses minderwertige Brot widert uns an!" Da sandte der Herr unter das Volk feurige Schlangen, die bissen das Volk, so dass viele Leute aus Israel starben.

Da kamen die Leute zu Mose und sprachen: „Wir haben gesündigt, denn wir haben geredet wider den Herrn und dich. Bitte den Herrn, dass er die Schlangen von uns nehme."

Mose bat für das Volk. Da sprach der Herr zu Mose: „Mache dir eine eherne Schlange und richte sie auf zum Zeichen: Wer gebissen wird und sieht sie an, der soll leben."

Da machte Mose eine eherne Schlange und richtete sie auf zum Zeichen. Und wenn jemanden eine Schlange biss, so sah er die eherne Schlange an und blieb leben.

In diesem Kapitel der Bibel begegnen uns die beiden Aspekte der Schlange: Das Böse, Strafende und zugleich das heilende Prinzip.

In der Herderkirche in Weimar sind die beiden wichtigen Symbole der Christenheit auf einem Bild von Lucas Cranach am Altar vereint: Im Vordergrund der Gekreuzigte, der Messias, im Hintergrund oben rechts sieht man das Bild mit den Kindern Israels und der aufgerichteten Heilsschlange.

Mensch und Schlange

Um das Thema der Schlange noch etwas zu vertiefen, sollte man sich auch einmal ihre körperlichen Eigenheiten anschauen:

Sie hat keine Füsse
Sie ist trotzdem schnell
Sie hat einen seltsamen Bewegungsablauf – daher das Wort schlängeln
Sie ist fast nur Wirbelsäule mit (lebendiger) Materie herum
Sie ist in manchen Gattungen giftig

Im Alten Ägypten tritt uns die Schlange sogar im Hieroglyphen-Alphabet als Zeichen entgegen. Ein Beweis dafür, dass man das Symbol der Schlange in die Heiligen Zeichen, die Hieroglyphen – wie die Griechen sie später titulierten – integriert hatte.

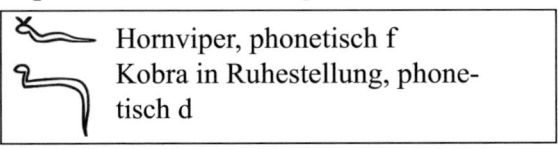
Hornviper, phonetisch f
Kobra in Ruhestellung, phonetisch d

Die Schlange als solche stellte für die frühen Kulturen ein grosses Rätsel dar. Sie warf einfach ihre alte Haut ab, sie häutete sich, und lebte weiter.

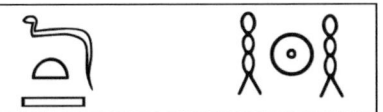

Abbildung 3
Zeit und Schlange

So ist es nicht verwunderlich, dass eines der Zeichen für Zeit und / oder Ewigkeit die Hieroglyphe der Schlange enthält. Assmann hat über die Schwierigkeiten der Übersetzung in unsere Zeit und Sprache in seinem Buch „Stein und Zeit" ausführlich reflektiert.
Das wichtigste Schlangensymbol hingegen ist die Uräus-Schlange, die sich an der Krone des Pharao nach oben zeigt.

So wie am Kopfschmuck die aufgerichtete Schlange sich als Zeichen des Lebens zeigt, so gibt es eine andere Schlange, die in der Religion der Ägypter eine grosse Rolle spielt, da sie den negativen, behindernden Aspekt darstellt.

Abbildung 3
Pharao mit Uräus

In der Vorstellung der Ägypter zog der Sonnengott Re über den Himmel und versank des Abends im Land des Westens. Nun hatten die damaligen Menschen keine Erklärung für die intensive Rotfärbung des Abendhimmels, wenn sich die Sonne dem Horizont näherte. Also kreierten sie ein Fabeltier, die Apophis-Schlange, die dem Sonnengott mit seiner Barke jeden Abend den Übertritt in das Land des Westens verwehrte. Re musste sie jeden Abend aus dem Weg räumen, sprich: töten, um durch die Fahrt der Nacht wieder an den Morgenhimmel zu gelangen. Das Blut der getöteten Schlange gab dem Himmel die rote Färbung.

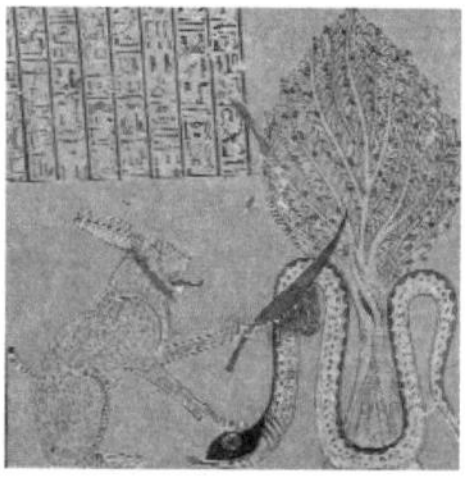

Wie wenig farbig und eindrucksvoll dagegen erscheinen die heutigen physikalischen Erklärungen des Sonnenuntergangs.

Abbildung 4
Symbol der
Apophis-Schlange

In unserer stark säkularisierten Welt überwiegen die negativen Aspekte, die mit der Schlange assoziiert werden

Warteschlange (am Schalter der Bahn oder an der Supermarktkasse)
Autoschlange (man denke an die Urlaubszeit auf deutschen
    Autobahnen)
Schlange stehen (z.B. wenn es zu DDR-Zeiten Südfrüchte gab)
Schlangenlinien fahren (bei zuviel Promille!)
Sich hindurchschlängeln (allem Unangenehmen aus dem Weg gehen)

Weibliche Personen, denen man nicht über den Weg traut, werden so bezeichnet, man denkt dabei an Listigkeit und Verschlagenheit. Eigenartigerweise taucht das Symbol der Schlange (oder auch des

Drachens) in vielen anderen Kulturen auf.

Aus ungefähr der gleichen Zeit – wahrscheinlich sogar noch etwas älter - stammt aus der minoischen Kultur auf Kreta die kleine Figur einer Göttin mit zwei Schlangen in den Händen. Da uns aus der minoischen Zeit nur wenig überliefert worden ist, ist der Sinn und Zweck dieser Göttin unbekannt.

Der Messias, der Maschiach, ist also derjenige, der den Menschen aus seinem Unheilsein, aus seinem Gefallensein in die Vielfalt wieder aufrichten und ihm den Weg zurück zur Einheit, zu Gott aufzeigen soll. Man denke bei diesen Sätzen an die Worte Jesu „Ich und der Vater sind eins" oder „Ihr sollt vollkommen sein

Abbildung 5
Minoische Schlangengöttin

so wie Gott vollkommen ist"

Das Judentum hat immer einen fundamentalen Glauben in eine messianische Figur bewahrt. Diese Tradition hat ihre Wurzeln in zahlreichen Bibelstellen.

Das Judentum versteht den Messias als ein menschliches Wesen, der in der Welt gewisse Veränderungen verursachen wird. Es bestand die Hoffnung, dass der Messias das jüdische Volk aus dem Exil versammeln und nach Israel zurückbringen wird. Er wird den Jüdischen Tempel in Jerusalem wieder aufbauen. Er soll die ganze Welt beeinflussen, den einen Gott anzuerkennen und ihm zu dienen. In vielen Stellen des Alten Testaments wird auf das Kommen des Messias hingewiesen.

Als er dann wirklich kam, erkannte man ihn nicht.

Die neutestamentarische Geschichte bis hin zur Kreuzigung Christi dürfte bekannt sein.

Ob Echnaton ein ähnliches Schicksal erlitten hat, ist uns nicht bekannt. Es ist allerdings nicht ganz von der Hand zu weisen, dass er keines natürlichen Todes gestorben ist, sondern durch die Hand von gedungenen Mördern ums Leben kam. Aber damit verlassen wir das historisch gesicherte Terrain und begeben uns auf das Feld von Spekulationen und Vermutungen.

In unserem Umgangsverständnis ist ein Messias ein Heilsbringer, ein Erlöser, ein Mensch (oder Gott) von dem Grosses ausgeht.

Synthese

Nun möchte ich die beiden vorausgegangenen Betrachtungssäulen zusammenführen

Der Pantheismus und auch der Polytheismus sind Entwicklungen, die den Menschen immer weiter von der Einheit wegführten.

Es scheint so zu sein, dass die Evolution, auch die geistige Evolution, bevor sie bestimmte, eventuell notwendige Dinge in die Manifestation entlässt, etwas versucht, ausprobiert – zaghaft, vorsichtig, tastend.

In unserer technisierten Welt würde man von einem Probelauf sprechen, von einer Testphase – immer das Risiko eingehend (wenn man überhaupt von Risiko sprechen kann), zu früh zu sein, zu schnell, zu übereilt – und dadurch zu scheitern.

Sicher gab es schon in vorhistorischer Zeit Menschen, Schamanen, Heilige, grosse Einzelne, die diese Zusammenhänge erkannten.

Aber erst in historischer Zeit sind uns Zeugnisse von Menschen überliefert, die ihr Leben, durch irgendeinen geheimnisvollen Impuls der Evolution beflügelt, dem Ziel gewidmet haben, den Menschen die Augen zu öffnen, sie ihr auf ihr Gefallensein hinzuweisen und sie wieder aus der Vielfalt zur Einheit zurückzuführen.

Im 14. Jahrhundert vor Christus begegnen wir dem ersten Menschen, der dieses Wagnis mit allem Mut und allen Konsequenzen durchzusetzen versuchte. Im letzten Wort „versuchte" klingt schon so ein wenig die Möglichkeit des Scheiterns an.

Lange war das Wissen um ihn verschüttet, vergraben im Sand der Geschichte

Erst seit rund 150 Jahren wissen wir um ihn:

Echnaton

Oder wie die Angelsachsen ihn nennen: Akhenaten.

Übersetzt bedeutet es: „Nützlich für Aton", diese Übersetzung erscheint jedoch etwas profan, denn es klingt so, als ob Aton unbedingt auf Echnaton angewiesen sei, wo es doch eher umgekehrt ist. Cyril Aldred hinterfragt es ebenfalls in seinem Buch „Echnaton" und plädiert für „Atons wirkender Geist". Man könnte auch sagen: „Aton wirkt durch ihn" – was ja auch den Tatsachen entspricht, wie später noch zu sehen sein wird.

Er war Pharao von Ägypten, dem damals grössten Kulturreich der westlichen Welt.

Betrachtet man eines seiner Bildnisse, so sieht man das Symbol der aufgerichteten Uräus-Schlange als Symbol königlicher Würde und zugleich der Hinweis auf die weiter oben geschilderte Aufgabe.

Eigentlich war er gar nicht für den Thron vorgesehen. Aber das Schicksal hatte wohl schon seine unergründlichen Fäden gesponnen und ihn für eine, diese wichtige Rolle vorgesehen. Sein älterer Bruder Thotmes (griechisch: Thutmosis) war als Thronfolger auserkoren, aber er starb aus heute unbekannter Ursache.

So musste Amen-hotep, so sein ursprünglicher Name (griechisch: Amenophis), als Zweitgeborener, in die nicht geplante Rolle des Thronanwärters hineinschlüpfen.

Sein ursprünglicher Name Amen-hotep bedeutet so viel wie „Amun ist zufrieden".

Wie immer spielt das Elternhaus im Leben eines Prinzen eine grosse Rolle. Sein Vater war der berühmte Pharao Amen-hotep III, in dessen Regierungszeit Alt-Ägypten eine Zeit des Friedens erlebte wie nie zuvor. Kunst, Musik und Dichtung sowie das Bauwesen erlebten eine grandiose Blütezeit. Die Stadt Luxor mit damaligem Namen Waset war so etwas wie das kulturelle Zentrum der damaligen Welt.

Er regierte über ein Land, das seine Vorgänger Thot-mes III, den man im Nachhinein als den Alexander Alt-Ägyptens bezeichnete, und Thotmes IV vom Norden, dem heutigen Libanon und Syrien bis hinunter nach Nubien ausgedehnt hatten.

Von überall strömten neue Güter und Ideen ins Land.

Wie immer in kulturellen Hochzeiten wurden viele neue Bauten in Form von Tempeln errichtet.

Man sagt Amen-hotep III nach, dass er in späteren Jahren den guten Dingen des Lebens wie Wein, Weib und Gesang, wie wir es heute etwas flapsig umschreiben würden, sehr zugetan war. Die Reihenfolge kann auch anders sein.

So spann Echnatons Mutter Teje als Grosse Königsgemahlin mit viel Geschick und Fingerspitzengefühl die politischen Fäden im Hintergrund. Sie war wie ihre Schwiegermutter Mutemwija auch nicht königlichen Geblüts - vielleicht war es eine Liebesheirat. Teje war eine ungewöhnliche Frau, die es verstand, die Staatsgeschäfte zu lenken und den anderen das Gefühl zu geben, alle Entscheidungen seien nicht von ihr, sondern von ihrem Gemahl getroffen. Man kann davon ausgehen, dass sie auch einen grossen Einfluss auf ihren Sohn gehabt hat.

Ihr Mann, der Pharao Amen-hotep III, ist vermutlich an einer Sepsis nach einer Kiefervereiterung gestorben.

Auf jeden Fall gibt es in der Geschichte nie eine abrupte Entwicklung, sondern alles führt auf eine subtile, vom Menschen nur schwer durchschaubare Weise auf ein Ziel zu, auch wenn es nur ein Versuch ist oder wird.

Wahrscheinlich kam noch ein anderer Faktor hinzu, wir wissen bis heute noch nicht genau wann, wie und woher: Eine geheimnisvolle Frau trat in das Leben von Echnaton ein:

Nefertiti oder auf deutsch: Nofretete.

Wie eben angedeutet: Wir kennen ihre Eltern nicht und wissen nichts über ihre Herkunft. In der Geschichte Alt-Ägyptens erscheint sie plötzlich im Leben Echnatons.

Darauf deutet auch ihr Name hin. Ihr deutscher Name ist nicht ganz korrekt, aber wir haben uns daran gewöhnt. Besser ist die Umschreibung Nefertiti: Die Schöne, die da kommt.

Ihre berühmte Büste – geschaffen vom königlichen Bildhauer Thutmosis – ist eines der schönsten und lebendigsten Zeugnisse alt-ägyptischer Darstellungskunst. Bedenkt man, dass dieses Meisterwerk antiker Kunst dreieinhalbtausend Jahre alt ist, so kann man nur staunen, mit welcher Liebe zum Detail mit dieser Büste eine frühe Hymne an die Schönheit geschrieben oder gestaltet wurde.

27

Als kleine persönliche Ergänzung: Ein Besuch in Berlin ohne einen Abstecher zu ihr ist in meinen Augen, das heisst für mich, keine vollkommene Reise. So viel Anmut und Ebenmässigkeit, über die Jahrtausende konserviert, ist eine wiederholte Stipvisite wert.

Kein Wunder, dass auch Echnaton von ihr begeistert war und sie stets, trotz einer mit Sicherheit nachgewiesenen zweiten Frau, zur alleinigen Grossen Königsgemahlin erhob.

Und wenn nicht alle Vermutungen täuschen – aber es sind nur Vermutungen – hat sie sogar einen grossen Einfluss auf seine Einstellung zum neuen Glauben gehabt.

Hätte Mozart sie bereits gekannt, sicher hätte er ihr neben der „Zauberflöte" ebenfalls eine Oper gewidmet. Und Verdi hätte vielleicht neben der „Aida" auch ihr Leben in Töne gegossen.

Heute wäre es vielleicht Lloyd-Webber, der ihrem Leben ein musikalisches Denkmal setzen könnte, da es eine grosse Portion Tragik enthält.

War Echnaton nun, wie es viele einfach so dahersagen, ein Ketzer-Pharao oder ein „Frevler"?. Das Wort „Ketzer" nehmen im Grund immer nur diejenigen in den Mund, die zu sehr an starren Vorstellungen kleben, die Angst um ihre Pfründe haben oder die Zeichen aufkommender Veränderungen nicht sehen wollen.

War er gar krank? Psychisch krank? Impotent? Oder was so mancher Ägyptologe an unsinnigem Zeug von sich gibt, um sich mit angeblich neuen Erkenntnissen zu profilieren.

Oder ist er vielmehr ein Erneuerer, ein Reformator oder gar mehr? Was war eigentlich für ein Mensch?

Er hatte so viele Facetten.
Er war Schöpfer einer neuen Kunstrichtung.
Er war Baumeister bzw. deren Auftraggeber.
Er war etwas, was wir heute als Friedensapostel bezeichnen würden.
Er war Dichter und Poet.
Er war ein Religionsstifter, oder gar ein Messias?

Die Erneuerung der Kunst

Die Kunst im Alten Ägypten war irgendwie statisch. Das heisst nicht, dass viele Werke nicht schön waren. Aber was die Abbildungen und Statuen der Herrscher anbetraf, so zeigten sie einen starren Charakter. Die Herrscher wurden auch im höheren Alter meistens idealisiert dargestellt als besässen sie ewige Jugend. Es gab zudem keine Individualisierung. Ohne Inschriften wären die Herrscherbilder heute kaum zuordenbar gewesen.

Mit dieser alten Tradition bricht Echnaton. Die Form und Gestalt der Einzelperson erlebt eine grundsätzliche Wandlung, fast kann man von einer Kehrtwendung um 180 Grad sprechen.

Die Figuren wirken verfremdet, ja sogar oft regelrecht deformiert. In unserer heutigen Zeit wäre das wenig spektakulär, denn die moderne Kunst greift häufig zu ähnlichen, noch abstrakteren Verfahren.

Für damalige Verhältnisse aber, nach einer Tradition von über 1500 Jahren – immerhin für die historische Zeit eine gewaltige Spanne – war das für die Einwohner Alt-Ägyptens mehr als gewöhnungsbedürftig, es war nachgerade ein Kulturschock.

Ein Pharao mit breiten Hüften, schweren Oberschenkeln, einer fast weiblich anmutenden Brust, dicken Lippen und einem vorspringendem Kinn – das war für den einfachen Menschen nicht nachvollziehbar.

Die Maler und Bildhauer mussten umlernen.

Neben der Unförmigkeit der figuralen Darstellung fällt noch eine Eigenheit auf: Es gibt Statuen, in denen Echnaton nackt und ohne Genitalien dargestellt wird.

Viele Ägyptologen laufen nun mit interpretatorischen Scheuklappen durch die (antike) Welt und deuten Echnaton als krank oder impotent. Dabei übersehen sie geflissentlich, dass der Herrscher mit seiner Gemahlin Nefertiti insgesamt sechs Töchter gezeugt hat und wenn man mancher Theorie glauben darf, der ich ebenfalls ein Körnchen Wahrheit zubillige, so sind die beiden männlichen Nachkommen Tut-ankh-Amun und Semenkhkare mit seiner Nebenfrau Kija gezeugt.

Eine Deutungsmöglichkeit der geschlechtslosen Darstellung ist möglicherweise die Scheu der Künstler, einen völlig nackten Menschen abzubilden.

Die zweite und wesentlich mehr in sein Religionsverständnis passende Erklärung wäre seine Erkenntnis oder sein Wissen um die Einheit, um die Urform, in der es keinen Unterschied zwischen männlich und weiblich gab. Es ist der sogenannte androgyne Mensch vor der Trennung in männlich und weiblich, der beide Pole noch in sich trug, der Adam Kadmon, der früher war.

Was die sonstigen körperlichen Merkmale anbetrifft: Man muss sich fragen: War das eine frühe Art künstlerischer Freiheit, ein Vorgriff auf den Impressionismus oder Expressionismus oder hat Echnaton tatsächlich so ausgesehen.

Das letztere dürfte wohl kaum zutreffen.

Ein etwas weit hergeholter Vergleich vermag es wohl am besten illustrieren. Man stelle sich einmal vor, Ausserirdische landen auf unserem Planeten und fänden als erstes ein Frauenbildnis von Picasso.

Was würden die wohl denken? Was sind das für merkwürdige geometrische Wesen auf dieser Welt!

Eine weitere Neuerung führt Echnaton in die Kunst Alt-Ägyptens ein. Bis dahin war es entweder tabu oder verpönt, Familiäres aus dem Umfeld des Pharao darzustellen. Echnaton wirft diese Konvention über den Haufen.

Auf vielen Grafiken und Reliefs sieht man ihn mit seiner Königlichen Gemahlin Nefertiti und den Kindern. Die Familie des Herrschers also in trautem Beisammensein – menschlich nahe.

Ist das folgende Bild nicht rührend?

Der Vater schmust mit seiner zweitältesten Tochter Maket Aton. Die älteste Tochter Merit Aton zeigt, vom Schoss der Mutter her, auf die Szene gegenüber. Ob sie wohl eifersüchtig ist, dass sich der Vater mit ihrer kleineren Schwester so intensiv beschäftigt?

Oben auf der Schulter der Mutter turnt noch die dritte Tochter Ankh-es-en-pa-Aton herum.

Ist es nicht ein Abbild familiärer Verbundenheit und für alle, die es anschauten der Hinweis: Seht her, ich bin einer von euch, ich bin wie ihr, nicht abgehoben, fern, sondern ich versuche euch vorzuleben, wie wahres Glück sein kann, denn die geschlossene und einige Familie ist der Grundstock unseres ganzen Landes. Wie oben so unten.

Abbildung 6   Echnaton mit Familie

Über allem scheint Aton, die lebendige Sonne, wie Echnaton sie in seinem Hymnus bezeichnet.

Abbildung 7
Das Herrscherpaar auf dem Streitwagen

Eine andere Strichzeichnung. Echnaton und Nefertiti auf einem Streitwagen. Sie wendet sich ihm zärtlich zu und küsst ihn. Ein Bild voller
Anmut! Wo und wann hat es so etwas in der Kunst Alt-Ägyptens schon
einmal gegeben, menschliche Nähe, sogar noch einen Kuss, und dazu

Abbildung 8
Trauer um Maket-Aton

noch vom Herrscherpaar, darzustellen?
Aber auch Herrscher können trauern und mitfühlen.
Früher ein undenkbares Bild von einem Pharao – denn er war ja gott-
gleich. Wie stünde es ihm an, solche Gefühle zu zeigen, dazu als Ab-
bild?
Hier stehen Echnaton und Nefertiti am Totenbett ihrer zweitältesten
Tochter Maket Aton. Die Kindersterblichkeit allgemein war in Alt-
Ägypten sehr hoch und machte auch vor der Familie des Herrschers
nicht halt, die sicher mehr medizinische Möglichkeiten als das gemeine
Volk hatte oder auf Schamanen und Priester zurückgreifen konnte.
Die umfassendsten farbigen Bilder sieht man im Museum in Luxor an
einer Wand, an der die kleinen Blöcke aus dem Aton-Tempel in Waset
zusammengesetzt wurden. Man fand sie in einem der Pylon des Karnak-Tempels, in dem sie von einem der Nachfolger, wahrscheinlich
Haremhab, verbaut worden sind, um jegliche Erinnerung an Echnaton
und seine neue Religion verschwinden zu lassen.

Der Friedensapostel

Eine alte Machttradition zeigte den Pharao früher häufig, wie er im Namen Amuns die Feinde symbolisch erschlug. Hier der Herrscher, die Keule schwingend, in der anderen Hand die gefesselten Feinde. Es sollte dem Volk zeigen: Seht her, ich bin da für eure Sicherheit und für euer Wohlergehen.

Diese Gesten waren Echnaton fremd. Einschränkend muss man jedoch sagen: Es wurde eine Zeichnung gefunden, in der eindeutig Nefertiti in dieser Rolle zu sehen ist. Ob das vom Herrscher abgesegnet war, ist uns nicht bekannt. Oder war es vielleicht eine kursierende Karikatur, in der böswillige Amun-Priester bzw. deren Anhänger auf die dominierende Rolle Nefertitis im Verhältnis zu Echnaton hinweisen wollten. In unserer heutigen Zeit finden wir derartige entstellende Machwerke über die aktuellen Politiker und Herrscher wohl tagtäglich in den Zeitungen und Zeitschriften.

Echnaton war ein Mann des Friedens und aus seiner Regierungszeit sind keine Feldzüge historisch überliefert. Allen Völkern – so in seinem Sonnengesang – schien die Sonne Aton unterschiedslos und es war für Echnaton wenig ersichtlich, warum man sie mit Krieg überziehen sollte.

Die dringenden Appelle seines Generals Haremhab, der später selbst Pharao werden sollte, stiessen bei ihm auf taube Ohren. Denn an der unruhigen Nordostflanke, im heutigen Libanon, Syrien und Palästina riefen die treuen Vasallen um dringende Hilfe gegen die eindringenden Hethiter.

Echnaton reagierte abweisend. In den später gefundenen, sogenannten Amarna-Briefen sind leider keine Zeugnisse über die damalige Situation im Nordosten enthalten. Im Zusammenhang mit Echnaton sind nur Klagen des Königs von Mitanni, Tuschratta zu erwähnen, der sich über ungenügende Goldlieferungen beklagte, die der Vater von Echnaton ihm zugesichert haben soll.

Die Amarna-Briefe wurden zufällig im Jahr 1887 von einer ägyptischen Bäuerin beim Graben in den Überresten von Achet-Aton, jetzt Amarna genannt, entdeckt. Sie grub nach *sebach*, Schlammziegelstaub, der noch heute als stickstoffhaltiger Kunstdünger verwendet wird. Wie sich später herausstellte, war der Fundort das frühere „Haus der Korrespondenz des Pharaos" gewesen. Es sind natürlich keine Briefe in unserem Sinn, auch nicht auf Papyrus geschrieben, sondern auf Tontäfelchen aus sonnengetrocknetem Ton. Sie enthalten auch keine Hieroglyphen oder eine andere ägyptische Umgangsschrift, sondern sind auf Akkadisch oder Babylonisch verfasst. Diese Sprachen waren in der damaligen Zeit die Korrespondenz-Sprachen zwischen den Herrschern.

Auf jeden Fall sind aus der Regierungszeit Echnatons keine Kriegszüge gegen die Nachbarn im Süden oder im Nordosten historisch gesichert. Ein Pazifist – durchaus im christlichen Sinn.

Abbildung 9
Fund aus Amarna (Achet-Aton)
Hände des Herrscherpaars ?

Vom Polytheismus zum Monotheismus

Seine wohl grösste, mutigste und zukunftsweisendste Leistung war der Versuch, den Schritt vom althergebrachten Polytheismus zum Monotheismus zu wagen.

Nie zuvor in der uns bekannten Geschichte hat jemand ein solch kühnes Unterfangen in Angriff genommen.

Er versuchte – das Wort „versuchen" sei immer wieder hervorgehoben – den Einwohnern Alt-Ägyptens eine rund 1500 Jahre alte Tradition und Religion regelrecht abzugewöhnen oder auszutreiben.

Er wollte sie von ihrem Glauben an die aus Stein, Holz oder Metall geformten Götter „befreien", oder sollte man sagen „erlösen".

Er setzte dafür – getreu seinem Ziel, zurück zur Einheit, zu einem Gott – das Symbol der Sonnenscheibe Aton ein, die alles Leben beleuchtete und auch hervorbrachte, wie später bei der Betrachtung des Sonnenhymnus zu sehen sein wird.

Dieser Gott duldete keine andern Götter neben sich, da sie die Menschen nur vom rechten Weg abbrachten.

Wir finden viele Jahre später in den Büchern Mose eine ähnliche Situation, als Moses vom Berg herabsteigt und sieht, wie die Kinder Israel noch immer an ihren alten Götzen, dem goldenen Kalb, hängen – durchaus eine Anlehnung an ihre Aufbruchsstätte Ägypten, in dem die Apis-Stiere ebenfalls eine ungewöhnliche Verehrung erfuhren.

Es ist nicht bekannt, wie und wann genau dieser Gedanke in ihm reifte. Bekannt ist nur, dass bereits bei seinem Vater und auch Grossvater die Sonnenscheibe Aton Erwähnung fand. Sein Vater Amen-hotep III hatte sogar ein Schiff, das auf einem künstlich angelegten See seine Bahn zog, auf den Namen „Aton glänzt" taufen lassen.

Ebensowenig wissen wir um die Rolle Nefertitis und ihren Einfluss bei diesem kühnen Unterfangen. Es dürfte aber als sicher gelten, dass ein Konsensus in diesen Dingen eine Voraussetzung für die auch in Bildern dargestellte harmonisch geführte Ehe gewesen sein muss, aus der sechs Töchter hervorgingen.

Denn eines mussten sich beide vergegenwärtigen: Sie forderten damit

35

die mächtigen Priester des Amun aus dem Karnak-Tempel heraus, die durch die neuen Bestrebungen des Herrschers ihre Macht, ihren Einfluss und auch ihre finanziellen Einkünfte gefährdet sahen.

So dürfte es kaum verwundern, dass sie diese neuen Gedanken aufs Heftigste befehdeten. Offen und heimlich.

Aber Pharao blieb dank seiner Macht – erst einmal – Sieger.

Interessant ist es in diesem Zusammenhang, sich einmal die einzelnen Wörter im folgenden anzuschauen und sich die Lautkombinationen vorzustellen.

Amun	Aton
Amen	Atem
Emunah	Odem
	Odin

Beide Wortschöpfungen sind angetan, im Menschen etwas anklingen zu lassen. Es sind offenbar tief im Unterbewusstsein imprägnierte Lautfolgen.

Hinzuzufügen wäre bei diesen Betrachtungen vielleicht noch eines: Unser Gebetsabschluss Amen entstammt dem Hebräischen und bedeutet Vertrauen. Ob sich das hebräische Wort emunnah aus dem altägyptischen Wort Amun ableitet, vermag ich nicht zu sagen, sondern möchte es nur, um keine Provokationen hervorzurufen, zart andeuten.

Im religiösen Alltag änderte sich einiges: Es wird nicht mehr vor irgendwelchen Statuen gebetet und geopfert, sondern unter der Sonnenscheibe Aton unter freiem Himmel.

Es muss für die meisten Ägypter unendlich schwer gewesen sein, nicht mehr etwas konkret Fassbares anzubeten, sondern etwas mehr Abstraktes und wenig Greifbares. Gewiss, jeder konnte die Sonne sehen, aber wer konnte ihr nahekommen oder sie greifen?

Früher gab es Götterfamilien oder Triaden – so zum Beispiel Amun, Mut und Chons – mit denen man sich identifizieren konnte. Vor allem feierten die alten Ägypter gern. Das jährliche, über mehrere Tage dauernde Opet-Fest, bei dem die Statue Amuns auf einer Barke zu seiner

Gemahlin Mut zur göttlichen Vereinigung getragen und auf dem Nil gefahren wurde, das sollte nun alles Vergangenheit sein? Nicht mehr stattfinden! Für die meisten nur schwer zu verstehen!

Ein Symbol, das bereits besprochen wurde, findet in der Sonnenscheibe seine Widerspiegelung. Unten sieht man die aufgerichtete Schlange, das Heils-Symbol. Pharao und Gott Aton tragen somit das gleiche Zeichen – das Zeichen der Rückführung zum Einen, zur Einheit, zur Heilung aus der irdischen Gebundenheit.

Die Ausstrahlung des Gottes auf die Seinen ist in Händen dargestellt, die von der Sonnenscheibe ausgehen und vor der Nase der königlichen Familie enden. In der Hand ist jeweils das Ankh-Zeichen zu sehen, das Lebenszeichen (s. Abbildungen auf Seite 67).

Auch in der biblischen Schöpfungsgeschichte, die wesentlich später entstanden ist, bläst Gott den lebensspendenden Odem dem Menschen Adam in die Nase ein.

Im Originaltext (d.h. in der Lutherbibel, es gibt verschiedene andere Übersetzungen) heisst es:

Da machte Gott der Herr den Menschen aus Erde vom Acker und blies ihm den Odem des Lebens in seine Nase. Und so ward der Mensch ein lebendiges Wesen.

Jede Kultur, jede Religion fusst auf Vorherigem und tritt nicht wie aus dem Nichts kommend in diese Welt. So gibt es eine Reihe von Autoren, die Moses als eine Art späteren Anhänger der Religion Echnatons ansehen. Auf jeden Fall muss man die Person Moses, die geschichtlich im Gegensatz zu Echnaton nirgendwo in Erscheinung tritt bzw. fassbar ist, einer etwas späteren Zeit zurechnen. Es ist daher nicht auszuschliessen, dass einiges vom Gedankengut Echnatons in die mosaische Religion einfloss, obwohl seine späteren Nachfolger und vor allem die Amun-Priester in ihrer Vernichtungsstrategie möglichst alle Veränderungen rückgängig machten und seine Werke gründlich vernichteten. Aber irgendwo und irgendwie bleibt im Verborgenen immer etwas erhalten, um seinen Zweck zu erfüllen.

Der Baumeister Echnaton

Der Vater Echnatons, Amen-hotep III, Neb Maat Re, liess während seiner Regierungszeit, die eine Zeit des Glanzes und des Friedens war,
eine grosse Anzahl prächtiger Bauten errichten.
Echnaton war also dahingehend geprägt, dass man seinem Gott dient,
in dem man Begegnungsstätten in Form von Tempeln errichtet.
Nach seiner Inthronisation liess Echnaton als erstes einen Aton-Tempel
– dazu sehr provokativ – gleich in der Nähe des Karnak-Tempels errichten. Der Innenhof war geschmückt mit grossen Statuen von ihm
und Nefertiti. Einige davon sind heute noch im Ägyptischen Museum
in Kairo zu besichtigen.
Nach seinem Tod wurde dieser Tempel zerstört und seine Einzelteile,
wenn verwertbar, bei der Erweiterung des Karnak-Tempels in den Py-
lonen verbaut.
Man muss Echnaton eine gewisse Sensibilität konzedieren, denn er
spürte gleich in den ersten Jahren, dass es hier in Waset (von den Griechen Theben genannt, heute als Luxor bekannt) schwierig war, den
neuen Glauben in seinem Sinn zum Durchbruch und zum Erfolg zu
führen und damit die Herzen der Bewohner zu gewinnen. Das Alther-
gebrachte und die Macht der Amun-Priester war in Waset sehr ausge-
prägt.
Wie sagt Jesus rund 1400 Jahre später bei seinem Besuch in Nazareth:
*„Ein Prophet gilt nirgends weniger als in seinem Vaterland und in sei-
nem Hause!" (Matthäus 13,57)*
Diese Erkenntnis muss Echnaton schon damals bewusst gewesen sein.
Er musste einen Ausweg aus diesem Dilemma suchen – und er fand
ihn. Er verliess das „Amun-verseuchte" Waset und baute rund 300 Kilometer weiter nördlich auf der Ostseite des Nils eine, seine neue
Hauptstadt Achet-Aton, ungefähr in der Mite zwischen den bisherigen
Hauptorten Waset und Men-nefer.
Die Ägyptologen übersetzen es mit „Horizont des Aton". Ich bin zwar
kein Ägyptologe und mit den wenigen Hieroglyphenkenntnissen kann
ich alles andere als glänzen.

Aber für eine derartige Leistung erscheint mir die Übersetzung Horizont des Aton etwas zu kurz gegriffen. Ein Horizont umfasst immer den eigenen Standpunkt und alles, was aus dieser Sicht einsehbar ist. Es ist der Lebensraum, der Wirkungskreis, es ist die Welt des Einsehbaren, ja die Welt per se. Insofern würde ich rein gefühlsmässig von der etwas knappen Interpretation Horizont abrücken und sie zu „Wirkkreis" oder „Welt" erweitern.

Einige Ägyptologen fanden in der Einkerbung der Bergkette auf der Ostseite von Achet-Aton eine Analogie zur Hieroglyphe Achet, wenn sich morgens die Sonne über den Osthorizont erhob.

Mit einigen tüchtigen Planern und Baumeistern sowie Tausenden von Helfern gelang es ihm, in dieser Wüstenei eine neue Stadt zu erschaffen, praktisch eine Stadt vom Reissbrett. Mit geraden überschaubaren Strassen, die rechtwinklig aufeinanderstiessen. So etwas hatte es bis zu diesem Zeitpunkt in der bekannten Weltgeschichte nie zuvor gegeben.

Das Gebiet ist ungefähr 12 x 7 Kilometer gross, im Westen vom Nil begrenzt, im Osten von Bergen umkränzt.

Es war durchaus keine leichte Aufgabe.

Wer heute diese Region besucht, die jetzt den Namen Tell-el-Amarna trägt, ist enttäuscht, denn es ist eine unwirtliche Gegend. Daher kann und muss man mit grösster Hochachtung über dieses Vorhaben sprechen, aus einer Ödnis ein kleines Paradies zu erschaffen – und das mit den damaligen Methoden und Hilfsmitteln. Denkt man diese Sätze jedoch konsequent zuende, dann erscheint es nicht mehr ganz so überwältigend, denn die alt-ägyptische Kultur hatte schon mehr als tausend Jahre früher Gewaltiges in Form der Pyramiden hervorgebracht.

Nur wer eine unglaublich grosse Begeisterung in sich spürt, vermag solche Leistungen vollbringen. Es war die Begeisterung für seinen neuen Gott Aton.

Man muss sich einmal vorstellen, was es in der damaligen Zeit bedeutete, ein solches Vorhaben in die Realität umzusetzen. Bevor überhaupt der erste Spatenstich erfolgte, galt es eine Siedlung für die Arbeiter zu schaffen. Sie mussten ernährt werden. In der Umgebung gab es nicht allzu viel, also musste das meiste auf dem Nil herangeschifft werden. Entweder aus Waset oder aus Men-nefer (die Griechen nannten es Memphis). Sicher gab es auch in der Nähe eine Reihe von Bauern, die den dort unten schmalen grünen Gürtel um den Nil bewirtschafteten, sie waren jedoch mit der Versorgung einer solchen Truppe überfordert. Das nächste Problem dürfte die Beschaffung des Baumaterials gewesen sein. Dafür eigneten sich die aus Nilschlamm gebrannten Ziegel. Da es damals noch keinen Staudamm gab, trat der Nil in der Regel einmal im Jahr über die Ufer – die Phase der Nilschwemme. Dann konnten die Ziegel geformt werden und in der Sonne getrocknet werden.

Es mussten Brunnen gebohrt werden.

Nachdem die Arbeiter in der östlich der eigentlichen Stadt gelegenen Siedlung einigermassen untergebracht waren, ging es an die Umsetzung der weiteren Massnahmen. Echnaton plante mit seinem ganzen Stab und allen Beamten und Schreibern nach Achet-Aton umzuziehen. Also mussten Wohnhäuser gebaut werden. Ein neuer Königs-Palast war geplant. Und schlussendlich galt es Tempel zu errichten, in denen der neue Gott, für den diese neue Stadt errichtet wurde, verehrt werden konnte.

Im Gegensatz zu den Amun-Tempeln in Karnak, die dunkel und geheimnisvoll waren, waren die Tempel für Aton nach oben geöffnet. Denn wie anders sollte man den Kontakt zum neuen Gott pflegen, wenn man ihn nicht sehen oder direkt ansprechen konnte.

Soweit die rein baulichen Massnahmen.

Aber die Stadt sollte ein Ort werden, in dem man sich wohl fühlte. Daher wurden von überall her Pflanzen und Bäume herbeitransportiert und eingepflanzt. Sie mussten bewässert werden.

Innerhalb von fünf Jahren hatte die Grossmacht Ägypten eine neue Hauptstadt mit prächtigen Strassen, Palästen und Tempeln.

Heutzutage wäre so etwas undenkbar! Bürokraten, Bauämter, Katasterämter und schlussendlich die Grünen würden den Plänen so manche Knüppel zwischen die Beine werfen. Von den Gewerkschaften und geregelter Arbeitszeit und Entlohnung gar nicht zu reden.

Wie bereits angedeutet: Nur wer beseelt ist in und von seinem Glauben vermag etwas derartiges zu leisten.

Und noch etwas kommt hinzu: Pharaos Wort war quasi Befehl und Gesetz. Es gab keine Instanzen, die seine Anordnungen in Frage stellen konnten.

Das Traurige an diesem grossen Kapitel alt-ägyptischer Architektur ist nur die Kürze seines Bestandes. Nur wenige Jahre war es Echnaton vergönnt, in dieser neuen Stadt zu leben.

In seinem siebzehnten Regierungsjahr wird es ruhig um ihn, es gibt ihn nicht mehr. Damit war die Seele und die Triebfeder einer neuen Bewegung verschwunden.

Die Stätte des Sonnengottes lehrte sich. Pflanzen und Bäume verdorrten. Häuser zerfielen. Der Sand der Wüste eroberte sein altes Terrain zurück.

Die religiösen „Sieger" aus dem Süden, aus Waset, riefen zur Rückkehr in die alte Hauptstadt, in ihr Reich.

Amun hatte gesiegt.

Die neuen Herrscher, jung an Jahren, mussten folgen und verliessen mit ihrem Stab die Stätte des neuen Gottes.

Der Kampf gegen den alten Glauben

Wir wissen nicht, welche Berater Echnaton bei all seinen Entscheidungen hinzu gezogen hat. Vermutungen gehen dahin, es könnte der sog. „Gottesvater" Eje gewesen sein, der zu seiner Zeit eine wichtige Rolle spielte und später kurzzeitig die Herrscherwürde übernahm. Oder waren es die Priester Ramose und Merire?

Auf jeden Fall fiel eines Tages die Entscheidung, die neue Religion etwas konsequenter und vehementer in den Beiden Ländern durchzusetzen.

Man musste die Wurzeln des alten Glaubens gründlich entfernen so wie man einen Baum mit allen Wurzeln herausreisst.

Es waren die Inschriften, Bilder und Figuren, an denen sich der alte Glauben festmachte. Was lag also näher, als diese zu zerstören.

Echnaton ordnete an, landauf landab sämtliche Inschriften, die den Namen Amun enthielten, zu tilgen.

Mit den damals verwendeten Kupferwerkzeugen war das für die Steinmetze keine leichte Aufgabe, sondern eine strapaziöse Tätigkeit. Zudem war es aus zwei Gründen eine nicht immer ungefährliche Tätigkeit. Zum einen leisteten die Amun-Priester und ihre Anhänger teilweise erbitterten Widerstand gegen diese Massnahmen, so dass die Steinmetze militärischen Begleitschutz in Anspruch nehmen mussten. Zum anderen waren die Inschriften und Reliefs nicht immer leicht erreichbar. Sogar auf den beiden Obelisken der Pharaonin Hatschepsut wurden die Inschriften in rund dreissig Meter Höhe ausgemeisselt.

Wer heute den Karnak-Tempel besucht, kann diese Episode noch deutlich nachvollziehen, und zwar an der Spitze des umgestürzten Obelisken der Königin Hatschepsut, der sich am westlichen Rand des Heiligen Sees befindet. Man sieht um die Figur des Amun herum noch eine abgeschrägte Vertiefung. Diese musste angebracht werden, um die Folgen der Amun-Bilderstürmer zu beheben und das Bild Amuns wieder einzumeisseln.

Echnaton zeigte eine ziemliche Radikalität. Sogar vor den Namenszügen seines Vaters Amen-hotep, der den Namen des ungeliebten Gottes

Abbildung 10 Spitze des Obelisken der Hatschsepsut
Hatschsepsut kniend vor Amun. Sichtbare Ausbesserungsspuren

enthielt, machte er nicht halt und löschte sie aus. Es ist anzunehmen, dass er auch Zeugnisse aus seiner Frühzeit, als er noch nicht zum Namen Echnaton konvertiert war, vernichten liess.

Wie man sieht, die Steinmetze schienen unter der Herrschaft Echnatons kaum an Arbeitslosigkeit zu leiden.

Es war in den späteren Regierungsjahren Echnatons sogar untersagt, das Wort Götter – also den Plural – zu gebrauchen, da es ausser Aton keinen anderen Gott gab und geben konnte und durfte. Die Mehrzahlbildung wurde daher fast als Sakrileg oder zumindest als Abweichung von der strengen Glaubenslinie angesehen. Es war demzufolge für alle Bewohner inopportun in Gegenwart von Aton-Priestern oder gar vor dem Angesicht des Herrschers das Wort „Götter" auszusprechen.

Zudem hatte man weitere Schwierigkeiten: Mut war die Gemahlin Amuns, hiess aber zugleich auch Mutter. Mir ist nicht bekannt, wie man dieses Dilemma aus der Welt geschafft hat.

Der Poet Echnaton – sein Grosser Sonnenhymnus

Es ist ein wahrer Glücksfall, dass uns sein Grosser Sonnenhymnus überliefert wurde. Diesem Sonnenhymnus verdanken wir einen Grossteil der Informationen über seine Lehre. Man fand ihn als Inschrift in den Gräbern einiger Höflinge in Amarna eingemeisselt. Die ausführlichste Darstellung hingegen stammt aus dem Grab Ejes, der als Privatsekretär – so würde man ihn heute umschreiben – sicher die authentischsten Informationen erhalten haben dürfte.

In diesem Hymnus an Aton findet man durchaus Ansätze und Gedanken, die in ähnlicher Form im Neuen Testament wiederkehren.

Zugleich könnte der Aton-Hymnus ein Vorläufer des Psalms 104 sein oder sogar gedankliche Anklänge des viel später entstandenen Sonnengesangs des Franz von Assisi vorwegnehmen.

Bei der Betrachtung des Hymnus müssen wir uns auf die deutschen Übersetzungen berufen, die von Erich Hornung, Jan Assmann und anderen stammen und sich in manchen Belangen interpretatorisch leicht unterscheiden. Ob in den Übersetzungen die eigentlichen Intentionen und Feinheiten des Poeten zum Ausdruck kommen, kann nicht beantwortet werden. Ist es schon schwer genug, bei heutigen Übersetzungen von Romanen aus einer lebendigen Sprache in die unsere alle Besonderheiten der Ursprungssprache zu berücksichtigen, so ist die Transskription aus einer nicht mehr gesprochenen Sprache, dazu noch in Gedichtform, unglaublich diffiziler. Man kann daher nur hoffen, dass der Übersetzer feinfühlig den richtigen Sinn getroffen hat. Wenn eine Übersetzung mir zu unklar erschien, habe ich mir erlaubt, eine andere mit heranzuziehen, um die Deutlichkeit der Worte zu verbessern.

Schön erhebst du dich
Am Horizonte des Himmels,
lebender Aton,
mit dem alles Leben beginnt.

Bereits die ersten Zeilen weisen Aton als Weltenschöpfer aus. Die alten

Versionen von Atum, Schu und Tefnut werden übergangen. Überhaupt zeigen sämtliche Zeilen des Hymnus eine lebensbejahende Frische und sind frei von tiefsinniger Mystik. Der Sonnenaufgang tritt symbolisch an die Stelle der Schöpfung. Der Morgen gleicht dem Weltenbeginn. Vorstellbar wäre auch die Preisung des Farbspiels, mit dem jeden Morgen sich die Sonnenscheibe Aton ankündigt und dann erscheint.

Bei deinem Aufgang im Osten erfüllst jedes Land du
Mit Schönheit.
Fürwahr: Gütig bist du und gross
Hochstrahlend ob jedem Land.
Deine Strahlen umarmen die Erde
Bis zum Rand der Schöpfung

Dieser Abschnitt bringt uns etwas Neues: Aton ist nicht nur für Kemet (das Schwarze Land – so nannten früher die Alt-Ägypter ihr Land) als Quelle des Lebens wichtig, sondern für alle Länder. Insofern ist Echnaton einer der ersten, der so etwas wie eine religiöse Globalisierung vorwegnimmt. Es gibt keinen Gott, der ausschliesslich und elitär für ein bestimmtes Volk „zuständig" ist und nur ihm seinen Segen spendet, sondern Aton ist mit seiner Lichtfülle für alle da „bis zum Rand der Schöpfung".

Du bist Re, wenn du ihre Grenzen erreichst,
wenn du sie niederbeugst für deinen geliebten Sohn.
Fern bist du, doch deine Strahlen sind auf Erden;
du scheinst auf die Gesichter, doch unerforschlich ist dein Lauf.

In diesen kurzen Zeilen tritt erstmals das Vater-Sohn-Verhältnis auf, ja sogar mehr: Es ist der geliebte Sohn, eine Bezeichnung, die Echnaton für sich reklamiert. Es ist uns nicht bekannt, wie diese Erkenntnis zustande kam. War es Eingebung, war es der Rat eines ihm Nahestehenden oder ist diese Beziehung ihm auf Grund einer tiefen Meditation deutlich geworden?

45

Die Quelle des Lichts scheint unermesslich und rätselhaft fern, doch die Strahlen sind spürbar und sichtbar. Niemand jedoch vermag zu sagen, ob Aton in seiner Strahlenfülle am nächsten Tag mit Sicherheit wieder erscheinen wird. Jeder Tag wird damit zu einem erneuten Geschenk.

Gehst du unter im Westhorizont, so ist die Welt in Finsternis,
in der Verfassung des Todes.
Die Schläfer sind in der Kammer, verhüllten Hauptes,
kein Auge sieht das andere.
Raubt man alle ihre Habe, die unter ihren Köpfen ist - sie merken es
nicht.
Jedes Raubtier ist aus seiner Höhle gekommen, und alle Schlangen
beissen.
Die Finsternis ist ein Grab, die Erde liegt erstarrt,
ist doch ihr Schöpfer untergegangen in seinem Horizont.

Aus diesen Zeilen spricht so etwas wie ein schwieriger Balance-Akt: Ist der Tag ein Fest für Aton und alle, die zu ihm aufschauen oder seine Wärme spüren, so ist die Nacht für Echnaton ein Phänomen, mit dem er in seiner neuen Religionsphilosophie nicht so recht umzugehen weiss. Abwesenheit von Licht, die Finsternis, interpretiert er als Zeit des Todes und der Gefahr. Ob im erweiterten Sinn auch ein Vergleich mit einer Verleugnung des lichtspendenden Gottes gemeint ist, ist schwer zu sagen. Verharren im alten Glauben wäre dann als Dunkelheit zu deuten. Hier lässt uns die Übersetzung wenig Spielraum bzw. Platz für weitere Ausmalungen.

Am Morgen aber bist du aufgegangen im Horizont
und leuchtest als Sonne am Tage;
du vertreibst die Finsternis und schenkst deine Strahlen.
Die Beiden Länder sind täglich im Fest,
die Menschen sind erwacht und stehen auf den Füssen,
du hast sie aufgerichtet.

Rein ist ihr Leib, sie haben Kleider angelegt,
und ihre Arme sind in Anbetung bei deinem Erscheinen,
das ganze Land tut seine Arbeit.

Ein Aufatmen geht durch das Land – und durch den Dichter, denn die finstere Nacht, die und deren Nutzen man absolut so gar nicht in sein neues Weltbild einordnen kann, hat ein Ende. Aton schenkt den Beiden Ländern wieder seine lebensspendenden Strahlen. Die Menschen erwachen, rein wie der junge Morgen und falten ihre Hände zum Gebet vor und zu Aton. Zugleich erfüllen sie wieder ihre für das Land so wichtigen Aufgaben, sie gehen an die Arbeit. Der viel später kursierende lateinische Spruch „Ora et labora" hätte damit einen antiken Vorläufer.

Alles Vieh ist zufrieden mit seinem Kraut, Bäume und Kräuter grünen.
Die Vögel sind aus ihren Nestern aufgeflogen,
ihre Schwingen preisen deinen Ka
Alles Wild hüpft auf den Füssen, alles, was fliegt und flattert, lebt,
wenn du für sie aufgegangen bist.
Die Lastschiffe fahren stromab und wieder stromauf,
jeder Weg ist offen durch dein Erscheinen.
Die Fische im Strom springen vor deinem Angesicht,
deine Strahlen sind im Inneren des Meeres.

Eine herrliche Beschreibung der Natur. Es scheint, als habe sich der Verfasser des Gedichts häufig in der freien Natur aufgehalten und alles genau beobachtet. Die Starre der Nacht hat sich gelöst, die Tiere begrüssen den neuen Tag. Ja sogar die Pflanzen scheinen mit dem wiedergeborenen Licht erneut zu grünen. Dabei dürfte es sich wohl nur um die frischen Farben handeln, die der Morgen nach dem Dunkel der Nacht aufleuchten lässt. Das Licht ermöglicht den Nilschiffern wieder ein gefahrloses Fahren durch die Flussschnellen und Sandbänke. Und selbst die Fische scheinen nur auf die Wiedergeburt des Lichts gewartet zu haben. Obwohl es rein spekulativ ist, könnte man sich vorstellen, dass Echnaton als junger Knabe, noch jenseits aller Verpflichtungen, die solch ein Herrscher-Amt mit sich bringt, häufig träumerisch-beobachtend am Fluss, dem lebensspendenden Elixier der Beiden Länder, in der Nähe des väterlichen Palastes gesessen hat.

Der du den Embryo sich entwickeln lässt in den Frauen,
der du Samen zu Menschen machst,
der du den Sohn am Leben erhältst im Leib seiner Mutter
 und ihn beruhigst,
sodass seine Tränen versiegen - du Amme im Mutterleib! -
der du Atem spendest, um alle Geschöpfe am Leben zu erhalten
Kommt (das Kind) aus dem Mutterleib heraus,
um zu atmen am Tag seiner Geburt,
dann öffnest du seinen Mund vollkommen
und sorgst für seine Bedürfnisse.
Das Küken im Ei, das schon in der Schale redet -
du gibst ihm Luft darinnen,
um es zu beleben. Du hast ihm seine Frist gesetzt,
(die Schale) zu zerbrechen im Ei; es geht hervor aus dem Ei,
um zu sprechen zu seiner Frist,
es läuft schon auf den Füssen, wenn es herauskommt aus ihm.

Das Wunder des Menschenlebens, seine Entstehung im Mutterleib – Aton hält über allem seine schützende und wirkende Hand. Aton wird mit einer Amme verglichen, die schon vor der Geburt um das heranwachsende Leben besorgt ist. Und kaum ist das Kind geboren, so öffnet ihm Aton den Mund für die ersten Atemzüge und lässt das Kind deutlich seine Bedürfnisse wie Hunger und Beschwerden artikulieren. Wie anders hat Aton den Lebensweg eines Kükens gestaltet. Er gibt dem Küken in der Schale den Auftrag, sich zu gegebener Zeit zu befreien und – wiederum ein Wunder – kaum dem Ei entschlüpft, sich akustisch bemerkbar zu machen und im Gegensatz zum Menschen sofort auf den Beinen zu stehen, zu laufen und der Henne zu folgen.

Wie zahlreich sind deine Werke,
die dem Angesicht verborgen sind, du einziger Gott,
dessengleichen nicht ist!
Du hast die Erde geschaffen nach deinem Wunsch,
ganz allein, mit Menschen, Vieh und allem Getier,
mit allem was auf der Erde ist,
was auf den Füssen herumläuft und allem,
was in der Höhe ist und mit seinen Flügeln fliegt.

Diese Zeilen erinnern in mancher Hinsicht wieder an Texte aus der Bibel, speziell aus der Schöpfungsgeschichte.

Du einziger Gott – es gibt keine Götter ausser dir. Deine Werke sind so zahlreich und wir Menschen können nicht alles verstehen, sondern stehen immer wieder staunend vor den Wundern deiner Schöpfung. Die Erde mit allem was auf ihr läuft und fliegt, ist entstanden allein aus einem Wunsch Atons heraus, dass es entstehen möge.

Die Fremdländer von Syrien und Nubien,
dazu das Land Ägypten
- jeden stellst du an seinen Platz
und sorgst für seine Bedürfnisse,
ein jeder hat seine Nahrung,
seine Lebenszeit ist bestimmt.
Die Zungen sind verschieden im Reden,
ebenso ihre Wesenszüge;
ihre Hautfarbe ist verschieden, denn du unterscheidest die Völker.

Aton ist ein sorgender und beschützender Gott. Die Reihenfolge ist bezeichnend für Echnaton. Früher bezeichneten sich die Ägypter als *romet*, als Menschen, alles andere waren die Fremdländer mit ihren Bewohnern. Hier klingen erstmals neue Töne an, denn Aton scheint unterschiedslos für alle, für die Syrer im Norden und die Nubier im Süden. Jedes Land hat seine eigenen Gewohnheiten – und Aton sorgt für sie. Die Sprachen und die Hauttönung ist verschieden, Aton unterscheidet zwar die Völker im Äusseren, scheint aber für sie alle als lebensspendendes Licht.

In der Bibel liest man es erst viel später, dass beim Turmbau zu Babel zusammen mit der babylonischen Sprachverwirrung die Völker, die zuvor eine gemeinsame Sprache hatten, in die Vielsprachigkeit als Strafe für ihren Hochmut, sich mit einem Bauwerk Gott zu nähern, getrieben wurden. Bei Echnaton ist es eine Selbstverständlichkeit, dass andere Menschen sich einer anderen Sprache bedienen, ohne dass eine Überheblichkeit vorausgegangen war. Die Allegorie der Bibel kann man dahingehend interpretieren, dass nach dem Sturz in die Vielfalt auch die Sprache als bis dahin einigendes Medium in die Vielfalt zerfiel.

Du schaffst den Nil in der Unterwelt
und bringst ihn herauf nach deinem Willen,
die Menschen am Leben zu erhalten, da du sie geschaffen hast.
Du bist ihrer aller Herr, der sich abmüht an ihnen,
du Herr aller Lande,
der für sie aufgeht,
du Sonne des Tages, gewaltig an Hoheit!
Selbst alle fernen Fremdländer erhältst du am Leben,
hast du doch einen Nil an den Himmel gesetzt,
dass er zu ihnen herabkomme
und Wellen schlage auf den Bergen,
wie das Meer, um ihre Felder zu befeuchten

mit dem, was sie brauchen.
Wie wirksam sind deine Pläne, du Herr der Ewigkeit!
Den Nil am Himmel,
den gibst du den Fremdvölkern und allem Wild der Wüste,
das auf Füssen läuft;
aber der wahre Nil kommt aus der Unterwelt nach Ägypten.

Für die damalige Zeit war es ein Rätsel, woher der Nil eigentlich stammt, denn niemand war bis dahin zu seinen weit entfernten Quellen vorgestossen. Man konnte nur sein Wirken und seine verschiedenen Phasen beobachten und sich danach ausrichten. So nahm man an, dass der Nil aus der Unterwelt stammt und von dort auf den Befehl Atons bzw. früher der anderen Götter zum Wohl der Menschen auf die Oberwelt herauf fliesst.

Bei den nächsten Betrachtungen zeigt sich noch die alte Überlieferung. Überall, wo sich etwas bewegt, muss Wasser sein. So gab es für den Regen, der sich selten auch einmal in Ägypten zeigte, nur die eine Erklärung: Oben am Himmel musste ebenfalls ein Nil fliessen, der die Fremdländer mit dem lebenswichtigen Nass versorgt und manchmal in den Wüsteneien Bachläufe entstehen lässt.

Aber, diese Unterscheidung kann Echnaton offenbar nicht unterdrücken, der wahre, echte Nil fliesst aus der Unterwelt, um den Bewohnern Kemets das Leben zu ermöglichen und sie damit als etwas Besonderes hervorzuheben.

Deine Strahlen säugen alle Felder,
wenn du aufgehst, leben sie und wachsen für dich.
Du schaffst die Jahreszeiten,
um alle deine Geschöpfe sich entwickeln zu lassen,
den Winter, um sie zu kühlen,
die Sommerglut, damit sie dich spüren.

Wachstum und Gedeihen auf allen Feldern ist ein Werk Atons und seiner Strahlen. Beim Lesen der Zeilen kann man eine Querverbindung zu der Aussage Heraklits nicht ganz von der Hand weisen: Alles fliesst. Es gibt auf Erden keine Beständigkeit. Der Wechsel der Jahreszeiten, die Veränderung ist es, die zu Anpassungen und zum Nachdenken und zum Überlegen zwingt und damit zu Entwicklung führt. Den kühlen Winter, um den Menschen eine Erholungspause von der Gluthitze des Sommers zu verschaffen, um wiederum im Sommer die Anwesenheit des Gottes zu spüren.

Du hast den Himmel fern gemacht,
um an ihm aufzugehen
und alles zu schauen, was du geschaffen hast.
Einzig bist du, wenn du aufgegangen bist,
in all deinen Erscheinungsformen als lebendiger Aton
der erscheint und erglänzt,
sich entfernt und sich nähert;
du schaffst Millionen von Gestalten aus dir allein,
Städte, Dörfer und Äcker, Wege und Flüsse.
Alle Augen sehen sich dir gegenüber,
wenn du als Sonne des Tages über dem Land bist.

Niemand vermag die Ferne des Himmels abzuschätzen, an dem Aton tagtäglich seine Bahn zieht, um sein Werk auf Erden zu betrachten. Die Schlussfolgerung: „Du hast den Himmel fern gemacht, um an ihm aufzugehen" – soll es bedeuten, dass ein Gott stets eine Distanz von seinen Geschöpfen braucht, um als Gott erkannt und angebetet zu werden? Die nachfolgenden Zeilen könnten es bestärken: „Einzig bist du, wenn du aufgegangen bist". Es unterstreicht zudem nochmals die Abgrenzung von der Nacht mit ihrer Abwesenheit Atons. Der lebendige Aton zeigt sich in verschiedenen Erscheinungsformen – morgens und abends in anderer Grösse als oben am Mittag.

Alles auf der Welt ist aus ihm hervorgegangen. Alles, was Augen hat, schaut zum Dank zu ihm hoch, wenn er am Tag über der Welt steht.

Wenn du gegangen bist,
dein Auge nicht mehr da ist,
das du um ihretwillen geschaffen hast,
damit du nicht dich selber siehst als Einziges,
was du geschaffen hast -
auch dann bleibst du in meinem Herzen,
und kein anderer ist, der dich kennt,
ausser deinem Sohne Nefer-Cheperu-Re Wa-en-Re,
den du dein Wesen und deine Macht erkennen lässt.

Auch wenn die Sonnenscheibe versunken ist und kein anderer sie mehr sieht, im Herzen Echnatons bleibt sie weiter leuchtend sichtbar. Dies als Trost, auch für Aton, um ihm das Gefühl zu geben, nicht nur sich selber als Geschaffenes zu sehen.

Niemand ausser Echnaton kennt ihn, niemand ausser ihm als Sohn. Diese Vater-Sohn-Beziehung in einem solch engen Verhältnis war bis dahin in der ägyptischen Religionsgeschichte unbekannt. Echnaton stilisiert sich durch diese Worte – und wahrscheinlich mussten die von ihm erwählten Aton-Priester, deren Predigten wir natürlich nicht kennen, ebenfalls diese Sätze dem Volk vermitteln – zum Einzigen, der eine direkte und ausschliessliche Bindung an den Gott hat. Ihm hat sich Aton in seinem Wesen, in seiner Macht und Lichtfülle offenbart.

Zugleich zeigt sich in den beiden letzten Sätzen eine Erweiterung der Glaubenssphäre. Aton ist die in die Sichtbarkeit entlassene oder geschickte Symbolkraft einer göttlichen Wesenheit, die noch weiter jenseits und unsichtbar angenommen werden muss: Re – die Kraft und Energie, die allem seinen Puls und sein Leben einhaucht, auch der lebendigen Sonnenscheibe (oder der zweidimensional dargestellten Sonnenkugel) Aton. Denn der Name Nefer-Cheperu-Re heisst übersetzt soviel wie „Schön oder herrlich anzusehen sind die Verwandlungen oder Darstellungen des Re". Eine Verstärkung erfolgt noch durch Wa-en-Re – „Einziger im Namen des Re".

Vielleicht spiegelt sich diese Glaubensvertiefung auch in der Namensgebung der letzten beiden Töchter wider. Bei den ersten vier Töchtern war stets Aton im Namen vertreten: Merit-Aton (von Aton geliebt), Maket-Aton (von Aton beschützt), Ankh-es-en-pa-Aton (die durch Aton lebt) und Nefer-neferu-Aton tascherit (Schön sind die Vollkommenheiten Aton mit dem Zusatz „die Kleine" zur Unterscheidung von der Mutter Nefertiti). Die fünfte Tochter erhielt den Namen Nefer-neferu-Re (Schön sind die Vollkommenheiten des Re) und die letzte wurde Setep-en-Re genannt (von Re auserwählt). Wir wissen auch nicht, in wie weit die Trauer und die Enttäuschung über den frühen Tod der zweitältesten Tochter Maket-Aton zu einer tiefgreifenden Wandlung geführt haben können. Mehr als die Strichzeichnung der klagenden Eltern ist uns in diesem Zusammenhang nicht überliefert. Echnaton ist das Sprachrohr des Gottes, ihm allein obliegt es, die ihm eingegebenen Gebote und Verhaltensmassregeln den Menschen der beiden Länder weiterzugeben. Nur über ihn als Gottessohn besteht eine Kontaktmöglichkeit für was auch immer zu Aton.

Diese enge Vater-Sohn- oder Sohn-Vater-Beziehung ist über ein Jahrtausend später ein Grundpfeiler der christlichen Lehre.

Ich bin der Weg und die Wahrheit und das Leben; niemand kommt zum Vater denn durch mich (Johannes 14, 6).

Alle Dinge sind mir übergeben von meinem Vater. Und niemand kennet den Sohn denn nur der Vater; und niemand kennet den Vater denn nur der Sohn und wem es der Sohn will offenbaren (Matthäus 11, 27).

Die Welt entsteht auf deinen Wink,
wie du sie geschaffen hast.
Bist du aufgegangen, so lebt sie,
gehst du unter, so stirbt sie;

du bist die Lebenszeit selbst,

man lebt durch dich.

Die Augen ruhen auf deiner Schönheit,

bis du untergehst,

alle Arbeit wird niedergelegt,

wenn du untergehst im Westen.

Niemand kann das Entstehen der Welt erklären. Nur ein numinoses Wesen, ein Gott, kann in der Lage gewesen sein, etwas so Grossartiges zu schaffen. Nicht unsere biblische Schöpfungsgeschichte, sondern auch andere Religionen setzen an den Anfang einen göttlichen Schöpfungsakt. Im Johannes-Evangelium finden wir am Beginn ähnliche Worte.

Die nächsten beiden Zeilen – so sie denn richtig übersetzt wurden, aber in allen mir vorliegenden Übersetzungen klingt es ähnlich – zeigen wieder einmal, wie schwierig es für Echnaton war, mit dem Phänomen der Nacht umzugehen. Einerseits wird die Nacht mit dem Tod gleichgesetzt, auf der anderen Seite dürfte auch Echnaton nicht entgangen sein, dass die Dunkelheit der Nacht das Leben aber nicht zerstörte. Wäre an dieser Stelle vielleicht – man sieht, ich muss mich oft in „vielleichts" flüchten – eine Formulierung wie „ruhen" besser. Die letzten vier Zeilen könnten diese These unterstützen – alles kommt zur Ruhe, zur Erholung, zum Schlaf.

Nicht umsonst bezeichnet man den Schlaf als den kleinen Bruder des Todes. In der Zeile sechs erfolgt eine weitere Bekenntnis zur Analogie Tag ist gleich Leben. Denn nur am Tag, wenn sich Aton am Himmel zeigt, kann man zu ihm beten. Daraus könnte man folgern, dass nächtliche Gebete sinn- und zwecklos sind, da sie Aton nicht erreichen. Wenn zudem die Arbeit für die Beiden Länder ein Segen ist, so sollte sie am Tag erfolgen, eben nur dann, wenn Atons Strahlen alles heiligen.

Wenn du aufgehst,
lässt du alles Seiende wachsen für den König,
Eile ist in jedem Fuss.
Seit du die Welt gegründet hast,
erhebst du sie für deinen Sohn,
der aus deinem Leib hervorgegangen ist
den Herrn Beider Länder,
Nefer-Cheperu-Re Wa-en-Re,
der von der Maat lebt
den Herrn beider Kronen,
Echnaton,
gross an Lebensjahren,
und die Grosse Königsgemahlin,
die er liebt,
die Herrin Beider Länder,
Nofretete,
die lebendig und verjüngt ist für immer und ewig.

Diese letzten Zeilen sind noch einmal ein abschliessendes Glaubens-crescendo. Echnaton als von Gott gezeugter Sohn.

Sicher, diese Gedankenansätze sind nicht neu. Jeder Tourist kann noch heute am Tempel der Pharaonin Hatschepsut in Deir-el-Bahari – wenn auch nicht mehr so deutlich sichtbar – ihre göttliche Zeugung und Herkunft in Bildern „nachlesen". Auch der Vater Echnatons liess im Luxor-Tempel – eventuell inspiriert durch die Bilderfolge der Pharaonin Hatschepsut – seine eigene göttliche Zeugung und Geburt in einer Bild-folge darstellen. Leider sind diese Reliefs zum Teil stark beschädigt. Neu an den Zeilen Echnatons ist aber, dass er nicht allein erwähnt sein will, sondern seine geliebte Grosse Königsgemahlin Nefertiti mit in seinen Wunsch nach Ewigkeit einbezieht.

Aber eines steht fest: Nur er allein, Echnaton, war das Bindeglied zwischen unten und oben, zwischen Menschen und dem Gott. Nur er als selbsternannter oder selbstgefühlter Sohn war in der Lage, die Bitten und Anliegen der Menschen dem Gott darzubringen. So wurden in vielen Häusern in Achet -Aton Reliefs gefunden, die die Herrscherfamilie als zu verehrende Symbole zeigen.

Die alten Triaden, z.B. Amun-Mut-Chons, fanden hier eine Erneuerung in der Dreifaltigkeit Aton - Echnaton – Nefertiti.

Wer allerdings meint, mit dem Einzug der neuen Religion hätten sich manche der Opferrituale im Sinn einer Vergeistigung geändert, wird enttäuscht. Weiterhin wurden dem Gott auf seinen Altären Vieh, Geflügel, Lebensmittel und ähnliches geopfert. Hinzu kamen Blumen, die als Schönheitssymbol Atons galten.

Vergleich mit dem Psalm 104

Diese Hymne an das Licht scheint auf eine heute nicht mehr nachvollziehbare Art und Weise in den Herzen mancher Menschen haften geblieben zu sein und fand später eine Wiedererweckung oder zumindest ein erneutes Anklingen im Psalm 104.

Lobe den Herrn, meine Seele! Herr, mein Gott, wie gross bist du!
Du bist mit Hoheit und Pracht bekleidet.

Du hüllst dich in Licht wie in ein Kleid,
du spannst den Himmel aus wie ein Zelt.
Du verankerst die Balken deiner Wohnung im Wasser.
Du nimmst dir die Wolken zum Wagen,
du fährst einher auf den Flügeln des Sturmes.

Du machst dir die Winde zu Boten
und lodernde Feuer zu deinen Dienern.
Du hast die Erde auf Pfeiler gegründet;
in alle Ewigkeit wird sie nicht wanken.
Einst hat die Urflut sie bedeckt wie ein Kleid,
die Wasser standen über den Bergen.

Sie wichen vor deinem Drohen zurück,
sie flohen vor der Stimme deines Donners.
Da erhoben sich Berge und senkten sich Täler an den Ort,
den du für sie bestimmt hast.

Du hast den Wassern eine Grenze gesetzt,
die dürfen sie nicht überschreiten;
nie wieder sollen sie die Erde bedecken.
Du lässt die Quellen hervorsprudeln in den Tälern,
sie eilen zwischen den Bergen dahin.
Allen Tieren des Feldes spenden sie Trank,

die Wildesel stillen ihren Durst daraus.

An den Ufern wohnen die Vögel des Himmels,
aus den Zweigen erklingt ihr Gesang.
Du tränkst die Berge aus deinen Kammern,
aus deinen Wolken wird die Erde satt.
Du lässt Gras wachsen für das Vieh,
auch Pflanzen für den Menschen, die er anbaut,
damit er Brot gewinnt von der Erde und Wein,
der das Herz des Menschen erfreut,
damit sein Gesicht von Öl erglänzt
und Brot das Menschenherz stärkt.

Die Bäume des Herrn trinken sich satt,
die Zedern des Libanon, die er gepflanzt hat.
In ihnen bauen die Vögel ihr Nest,
auf den Zypressen nistet der Storch.

Die hohen Berge gehören dem Steinbock,
dem Klippdachs bieten die Felsen Zuflucht.
Du hast den Mond gemacht als Mass für die Zeiten,
die Sonne weiss, wann sie untergeht.

Du sendest Finsternis und es wird Nacht,
dann regen sich alle Tiere des Waldes.
Die jungen Löwen brüllen nach Beute,
sie verlangen von Gott ihre Nahrung.
Strahlt die Sonne dann auf,
so schleichen sie heim und lagern sich in ihren Verstecken.

Nun geht der Mensch hinaus an sein Tagwerk,
an seine Arbeit bis zum Abend.
Herr, wie zahlreich sind deine Werke!
Mit Weisheit hast du sie alle gemacht,

59

die Erde ist voll von deinen Geschöpfen.
Da ist das Meer, so gross und weit,

darin ein Gewimmel ohne Zahl: kleine und grosse Tiere.
Dort ziehen die Schiffe dahin, auch grosse Fische,
die du geformt hast, um mit ihnen zu spielen.
Sie alle warten auf dich,
dass du ihnen Speise gibst zur rechten Zeit.
Gibst du ihnen, dann sammeln sie ein;
öffnest du deine Hand, werden sie satt an Gutem.
Verbirgst du dein Gesicht, sind sie verstört;
nimmst du ihnen den Atem,
so schwinden sie hin und kehren zurück zum Staub der Erde.

Sendest du deinen Geist aus, so werden sie alle erschaffen
und du erneuerst das Antlitz der Erde.
Ewig währe die Herrlichkeit des Herrn;
der Herr freue sich seiner Werke.
Er blickt auf die Erde und sie erbebt;
er rührt die Berge an und sie rauchen.

Ich will dem Herrn singen, solange ich lebe,
will meinem Gott spielen, solange ich da bin.
Möge ihm mein Dichten gefallen.
Ich will mich freuen am Herrn.
Doch die Sünder sollen von der Erde verschwinden
und es sollen keine Frevler mehr da sein.
Lobe den Herrn, meine Seele!
Halleluja!

Niemand darf erwarten, dass ganze Sätze Wort für Wort übernommen wurden. Man bedenke auch die grosse Zeitdifferenz. Der Aton-Hymnus entstand in der Mitte des 14. Jahrhunderts v. Chr., während der Psalm 104 rund achthundert Jahre später geschrieben wurde. Ein wahrlich grosser Zeitunterschied.

Die Verdrängung aller anderen Götter und die Konzentration auf Aton als den „einzigen Gott, ausser dem es keinen anderen gibt" lassen den

heutigen Leser an parallele Entwicklungen in der exilisch-nachexilischen Zeit Israels denken, in der Jahwe zum ausschliesslichen Gottessymbol wird. Allerdings war dem neuen Gotteskult Echnatons im Gegensatz zur späteren mosaischen Religion keine lange Dauer beschieden und dürfte als offizielle Religion mit seinem Ableben ein Ende gefunden haben.

Besonders eindrucksvoll kommt es in den Namensänderungen des wahrscheinlichen Nachfolgers zur Geltung. Aus Tut-ankh-Aton (lebendiges Abbild Atons) wurde unter dem Druck der religiösen „Sieger" der uns auch heute noch bekannte Name Tut-ankh-Amun. Sogar die dritte Tochter Echnatons, Ankh-es-en-pa-Aton, die zur späteren Gemahlin Tut-ankh-Amuns avancierte, musste den Zusatz Aton umwandeln lassen.

Beide Werke zeigen eine starke Verbundenheit zur Natur und preisen sie und die gesamte Welt als Schöpfung Gottes. Darüber hinaus wird in beiden Texten Gott als die Ordnung-schaffende Macht gepriesen, womit auch in Israel das Motiv des Sonnengott-Symbols aufgenommen wird.

Im Gegensatz zu Echnatons Aton-Hymnus ist uns der Autor des Psalms unbekannt.

Der Sonnengesang des Franz von Assisi

Jahrtausende trennen Franz von Assisi von der Zeit Echnatons. So dürfte sein Sonnengesang kaum aus dem Alten Ägypten beeinflusst worden sein. Zu viel war in der Zwischenzeit geschehen.

Das Christentum war durch Konstantin den Grossen aus seiner Nischen-Situation befreit und zur Staatsreligion erhoben worden.

Neben der mosaischen Glaubenslehre war demzufolge das Christentum als zweite Säule der westlichen Kultur entstanden.

Eine weitere Religion war zudem im Orient entstanden: Der Islam, der der Auslöser der Kreuzzüge werden sollte, da die Christen es als inakzeptabel ansahen, dass „Ungläubige" die heiligen Stätten in Israel besetzten.

Dies alles war, im Zeitraffer betrachtet, bis zum Verfassen des Sonnengesangs von Franz von Assisi geschehen.

Ein Tip noch an dieser Stelle: Das ergreifendste Werk über das Leben des Franz von Assisi ist vom kretischen Nationaldichter Nikos Kazantzakis verfasst worden: „Mein Franz von Assisi".

Das Gedicht wurde in der klerikalen Sprache Latein verfasst. Hier die deutsche Übersetzung:

Du höchster, mächtigster, guter Herr,
Dir sind die Lieder des Lobes, Ruhm und Ehre
und jeglicher Dank geweiht;
Dir nur gebühren sie, Höchster,
und keiner der Menschen ist würdig, Dich nur zu nennen.
Gelobt seist Du, Herr, mit allen Wesen, die Du geschaffen,
der edlen Herrin vor allem, Bruder Sonne,
die uns den Tag heraufführt und Licht mit ihren Strahlen,
die Schöne, spendet; gar prächtig in mächtigem Glanze:
Dein Gleichnis ist sie, Erhabener.

Gelobt seist Du, Herr, durch Schwester Mond und die Sterne.
Durch Dich sie funkeln am Himmelsbogen
und leuchten köstlich und schön.

Gelobt seist Du, Herr, durch Bruder Wind und Luft
und Wolke und Wetter, die sanft oder streng,
nach Deinem Willen, die Wesen leiten, die durch Dich sind.

Gelobt seist Du, Herr, durch Schwester Quelle:
Wie ist sie nütze in ihrer Demut, wie köstlich und keusch!
Gelobt seist Du, Herr, durch Bruder Feuer,
durch den Du zur Nacht uns leuchtest.
Schön und freundlich ist er am wohligen Herde,
mächtig als lodernden Brand.

Gelobt seist Du, Herr, durch unsere Schwester, die Mutter Erde,
die gütig und stark uns trägt
und mancherlei Frucht uns bietet
mit farbigen Blumen und Matten.

Gelobt seist Du, Herr, durch die,
so vergeben um Deiner Liebe willen
Pein und Trübsal geduldig tragen.

Selig, die's überwinden im Frieden:
Du, Höchster, wirst sie belohnen.
Gelobt seist Du, Herr, durch unsern Bruder,
den leiblichen Tod;
ihm kann kein lebender Mensch entrinnen.

Wehe denen, die sterben in schweren Sünden!
Selig, die er in Deinem heiligsten Willen findet!
Denn Sie versehrt nicht der zweite Tod.

Lobet und preiset den Herrn!
Danket und dient Ihm in grosser Demut!

Einzigartig in diesen Versen ist die Einheit mit allem was ist.

Der erste Messias?

Der eine oder andere mag sich vielleicht fragen: Ist es denn tatsächlich eine so phänomenale Änderung des Glaubens?

Tritt nicht an die Stelle der früher personifizierten Götter eine neue personifizierte, wenn auch weit entfernte Gottheit – Aton?

Bei einer solchen Fragestellung dürfen wir den Zeitpunkt dieser Wandlung nicht aus dem Auge lassen.

Wir schreiben immerhin das vierzehnte Jahrhundert vor Christus! Man kann von einem noch so reformatorisch engagierten Menschen und Idealisten nicht erwarten, eine noch radikalere Kehrtwendung zu einem neuen und dazu unsichtbaren Gott erwarten

Das bereits erwähnte Verhalten der Kinder Israel beim Zug durch die Wüste und ihre Anbetung des Goldenen Kalbs, immerhin ein paar Jahrhunderte später, ist der beste Beweis dafür, wie sich Althergebrachtes nicht so schnell abstreifen lässt.

Diese eine Änderung war für das Fassungsvermögen der Alten Ägypter schon kaum nachvollziehbar. Eine noch weitergehende Änderung wäre wohl überhaupt nicht verstanden geschweige denn akzeptiert worden. Man muss sich die provokative Frage stellen: Sind wir denn in unserer so aufgeklärten Zeit, wie wir meinen, nicht auch in bildlich-kindlichen Anschauungsmustern befangen?

Man denke nur an die vielen mittelalterlichen Bilder, auf denen Gott als alter Herr mit grauem Bart und grauem Haar dargestellt ist. Und in unserem gläubigen Denken, wenn wir es denn noch pflegen, ist nicht Gott auch als bildliche Person vorhanden?

Warum? Weil wir Gott nicht denken können.

Insofern war Echnaton ein begnadeter Prophet, ein Messias, der seiner

Zeit weit voraus war.

Es gibt Stimmen oder Autoren, die seine monotheistische Religion als im höchsten Grade intolerant bis hin zu Unterdrückung und Repressionen einstufen. Eine Art inhumaner Religion. Sie leiten diese Ansicht aus manchen Bildern ab, auf denen man die Untertanen in gebückter Stellung vor dem Herrscher sieht. Das ist absolut nichts Ungewöhnliches – das war im Alten Ägypten seit jeher gebräuchlich. Vor dem gottähnlichen Pharao hatte man sich immer zu verbeugen. Das wurde nicht erzwungen, das war selbstverständlich.

Manche unterstellen ihm sogar ein grausames Regime, getragen durch seinen neuen Gott Aton. Beruhen solche Vermutungen eventuell durch Vergleiche mit unserer eigenen Religion, die über die zwei Jahrtausende alles andere als christlich war. Man denke nur an die vielen Kriege, die unter dem Banner des Glaubens geführt wurden. Wieviel Grausamkeiten haben die Spanier in Süd- und Mittelamerika begangen – alles im Namen Christi. Waren nicht die Inquisition, die Hexenverbrennungen und all diese mittelalterlichen Exzesse das beste Beispiel, wie unverstanden und ungelebt die Botschaft Christi war?

Die jetzigen Auswüchse des Islam, als Islamusmus tituliert, sind wohl ebenfalls nicht im Sinn des Religionsstifters.

Ich kann mich diesen Thesen über Echnaton nicht anschliessen. Die auf den Reliefs und Bildern dargestellten engen familiären Beziehungen, das innige Verhältnis zu seiner eigenen Gemahlin und zu seinen Kindern, der Kuss auf einem Streitwagen oder die Trauer am Totenbett der eigenen Tochter – sind das nicht alles Darstellungen menschlicher Nähe und eines liebevollen Miteinanders. Sollte dies im Verhältnis zu den eigenen Untertanen ein anderes gewesen sein? Sollte Echnaton zwei Herzen in seiner Brust getragen haben? Das eine für die Schau, das andere für die Realität? Kann sich ein Mensch so verstellen?

Gewiss, es gibt wiederum Kritiker, die der Meinung sind, dass es immer Potentaten gegeben hat, die Kinder in den Armen hielten, um Gefühle und Menschlichkeit zu demonstrieren, aber nicht zu leben. Muss man ihn, Echnaton, in eben einem solchen Licht sehen? Er war beseelt von seiner Idee. Wir wissen auch aus unserem eigenen Leben, dass man oft hundert Prozent fordern muss um wenigstens fünfzig Prozent zu gewinnen. Sollte es bei ihm nicht ebenso gewesen sein, ohne dass er unbedingt ein rachsüchtigen oder gewalttätiger Herrscher gewesen sein muss?

Wir wissen nichts über die Umstände seines Todes.

Ist er eines natürlichen Todes gestorben?

Wurde er umgebracht?

Wurde er zum Martyrer seiner eigenen Religion?

Haben seine Feinde ihn getötet, weil sie seine Religion fürchteten, ähnlich wie die Pharisäer viele Jahrhunderte später?

Wir wissen es nicht.

Nichts ist uns überliefert worden.

Die Papyri, die Ziegel, der Sand und die Steine – sie schweigen. Seine Nachfolger haben ganze Arbeit geleistet, indem sie alles, was nur im geringsten an ihn erinnern konnte, gründlich vernichteten. Sein Leichnam wurde nie gefunden.

Aber eines dürfte klar sein:

Mit ihm ging ein grosser Geist dahin, wie ihn die Welt zuvor noch nie gesehen hatte.

Ein mutiger Mann, der unerschrocken den Mächten uralter Traditionen die Stirn bot, der Ideen verbreitete, die seiner Zeit weit voraus waren und das geistige Fassungsvermögen seiner Zeitgenossen bei weitem sprengte.

Er war der erste, der das Symbol der aufgerichteten Schlange verstand, nämlich als Hinweis, den Weg aus der Vielfalt zurück zum Heil, zur Einheit zu suchen.

Er war ein Vorgriff der Evolution auf Kommendes, auf Grösseres – das damals scheitern musste, da die Zeit für diese Gedanken noch nicht reif war.

Er war der erste Grosse Einzelne der Welt- und Religionsgeschichte. Seine Person tauchte erst vor rund hundertfünfzig Jahren aus dem Dunkel der Geschichte als lebendiges Wesen auf, seine Lehre jedoch verging damals. Im Gegensatz zu einem anderen Religionsstifter, Moses,

Abbildung 11
Aton mit Uräus

Abbildung 12
Echnaton beim Opfer
mit Ankh-Kreuz vor der Nase

dessen Lehre vielleicht aus seiner hervorging, der aber nirgendwo als geschichtliche Person in Erscheinung trat.

Es sollten noch einmal fast eineinhalb Jahrtausende dauern, bis erneut ein Mensch, unser Messias, die Welt betrat und den Menschen in seiner Bergpredigt das Heil und die Liebe nahebrachte.

67

Literaturhinweise

Aldred, Cyril; Echnaton – Gott und Pharao Ägyptens, Weltbild-Verlag 1990

Assmann, Jan; Moses der Ägypter, Carl Hanser Verlag, 1998

Assmann, Jan; Stein und Zeit – Mensch und Gesellschaft im Alten Ägypten, Wilhelm-Fink-Verlag, 1991

Betro, Maria Carmela; Heilige Zeichen – 580 Ägyptische Hieroglyphen, Lübbe-Verlag 1996

Echnaton und Nofretete - Pharaonen des Lichts, Heft Welt und Umwelt der Bibel, Nr. 22, 2001

Hornung, Erich; Echnaton – Die Religion des Lichts, Patmos-Verlag, 1995

Kolta, Kamal Sabri; Von Echnaton zu Jesus - Auf den Spuren des Christentums im alten Ägypten, Erich Wewel Verlag, 1993

Reeves, Michael; Echnaton, Verlag Philipp von Zabern, 2002

Weinreb, Friedrich; Zahl, Zeichen, Wort - Das symbolische Universum der Bibelsprache, Thauros Verlag, 1986

Weinreb, Friedrich; Wunder der Zeichen, Wunder der Sprache, Origo Verlag, 1979

Titelbild des Ausstellungs-Katalogs

Amarna
Lebensräume - Lebensbilder - Weltbilder

Unter diesem Titel zeigte das Römisch-Germanische
Museum in Köln
vom 31. Mai bis 26. Oktober 2008
eine mit viel Mühe und viel Aufwand erstellte Ausstellung zum
Thema Amarna, so dass man sich eine lebhafte Vorstellung über
das heute so trostlose Gebiet der früheren kurzzeitigen Hauptstadt Ägyptens unter Echnaton machen konnte. Man kann nur
hoffen, dass diese Ausstellung auch an anderen Orten gezeigt
wird.
Der Katalog erschien im Arcus-Verlag Potsdam

Weitere Bücher des Autors

Tagebücher vom Nil

**Echnaton, Nofretete,
Teje**

ISBN 9783837067569
Books on Demand 2008

176 Seiten
3 Farbseiten
Format 17 x 22
18,50 EUR

Das Buch enthält in einer fiktiven Tagebuch-Form die Geschichte des mutigsten und kühnsten Pharaos des Alten Ägypten, seiner Mutter Teje und seiner schönen Gemahlin Nofretete.

Es ist meiner Ansicht nach wohl die interessanteste Phase der fast 3000 Jahre alten Geschichte Alt-Ägyptens - eine Zeit, über die so viel Unklarheit herrscht, aber gerade deswegen die Phantasie herausfordert.

Echnaton versuchte, die alten Traditionen zu durchbrechen, die Vielgötterei abzuschaffen und dafür einen einzigen Gott zu propagieren, die Sonne Aton.

Somit ist er der erste, der den Schritt vom Polytheismus zum Monotheismus wagte. Eine Ergänzung zu diesem Buch, das Sie gerade lesen oder gelesen haben.

Siehe auch: **www.literatur.drvolkmer.de**

Weitere Bücher des Autors

Ithaka - Das ewige Ziel

Szenen einer Heimreise

ISBN 9783837030532
Books on Demand
2008

197 Seiten
19 EUR

Vor rund 2800 Jahren schrieb der antike Dichter Homer seine beiden grossen und berühmten Epen, die „Ilias" und die „Odyssee".
Viele betrachten die Odyssee als eine Art Abenteuergeschichte. Das scheint aber ein Fehlurteil zu sein.
Dieses Buch hat es sich zum Ziel gesetzt, Odysseus auf seiner Heimreise zu begleiten und ein wenig die Hintergründe dieser phantasievollen Reise aufzuhellen.
Der Weg nach Ithaka ist mehr als nur eine Heimreise - es ist der Weg und das Beispiel einer Reifung und Bewusstwerdung.
Homer ist also einer der ersten grossen Psychologen.

Siehe auch: **www.literatur.drvolkmer.de**

Weitere Bücher des Autors

**Viertausend Kilometer
Einsamkeit**

Rapa Nui - Osterinsel

ISBN 9783833482496
Books on Demand 2007

Mit vielen farbigen Abbildungen

19.50 EUR

Weit draussen im Pazifik rund viertausend Kilometer entfernt von
jeglicher anderer Zivilisation liegt sie: Die Osterinsel, von den Einwohnern Rapa Nui genannt.
Das Buch beschreibt die Insel, ihre Geschichte, ihre Menschen und
vor allem die vielen Rätsel und Geheimnisse, von denen sie so
viele zu bieten hat.
Aber auch dieses Buch wirft mehr Fragen auf als es Antworten zu
geben vermag. Jedoch macht nicht gerade das eine Insel, dazu noch
so weit entfernt, erst recht interessant?

Siehe auch: **www.literatur.drvolkmer.de**
(Durchblättern der ersten Seiten möglich)

Weitere Bücher des Autors

Herd, Focus, Störfeld

Beiträge zu einem brennenden Thema

ISBN 3833426950
Books on Demand
2005

17.50 EUR

Störfelder sind in der komplementären Medizin oder Heilkunde ein wichtiges Thema, da sie einen grossen Einfluss auf den Gesundheitszustand eines Menschen ausüben können.

Die Schulmedizin tut sich mit diesen Betrachtungen schwer, da man neben dem normalen klinischen Wissen auch einen Einblick in die klassische Akupunkturlehre mit ihren Meridianen, die viele Organe miteinander verknüpfen, haben sollte.

Dieses Buch versucht Antworten auf viele Fragen zu geben. Es ist eine ideale Ergänzung zum vorliegenden Buch „Jenseits der Molaren".

Siehe auch: **www.literatur.drvolkmer.de**
(Durchblättern der ersten Seiten möglich)

Weitere Bücher des Autors

Mars im Spiegel

Mythologisch-bissli-che Betrachtungen

ISBN 3833004452
Books on Demand
2003
2. überarbeitete Auflage

19.50 EUR

Dieses Buch zeigt eine völlig neue Sichtweise der Zähne. Es ist besonders für Menschen geschrieben, die ein wenig hinter die Dinge schauen möchten und mit der oberflächlichen Betrachtung der Schul-Zahnmedizin nicht zufrieden sind.
Jeder Zahn ist ein Individuum. Symbolik, archetypische Muster und Mythologie bereichern die Sichtweise des Suchenden. Es geht, um es kurz zu beschreiben, um die Psychologie des Einzelzahns.
Zugleich ist es ein Buch, das beim Lesen viel Freude macht.
Siehe auch: **www.literatur.drvolkmer.de**
(Durchblättern der ersten Seiten möglich)

Weitere Bücher des Autors

Abschied vom Urknall

Thesen gegen das Unwahrscheinliche

ISBN 3833446943
Books on Demand
2006

18.50 EUR

Eine der schwierigsten Fragen, die sich viele Menschen stellen, ist die Frage nach dem Anfang unseres Universums.
Die Wissenschaft liefert uns die Theorie vom Urknall.
Diese Antwort stellt jedoch viele Fragesteller nicht zufrieden, da sie zum einen eine seelenlose Welt beinhaltet und nur noch weitere Fragen aufwirft, deren Antworten uns die Wissenschaft schuldig bleibt.
Denn die Wissenschaft versucht das Numinose auszuklammern.

Siehe auch: **www.literatur.drvolkmer.de**
(Durchblättern der ersten Seiten möglich)

Weitere Bücher des Autors

Lebos

Die Insel der Sappho

**Ostägäische
Impressionen**

Zur Zeit nur als E-Book erhältlich
(z.B. für das Kindle von
Amazon)
Über kostenlose Konvertie-
rungsprogramme ist
auch ein Lesen über andere
E-Book-Reader und Tablets
möglich.

Für Griechenland-Liebhaber und Griechenland-Reisende eine gute
Empfehlung.
Sappho wurde um das Jahr 600 v.Chr. auf der Insel Lesbos geboren.
Sie war die erste grosse Dichterin der Weltgeschichte. Leider ist von
ihren Werken durch die Prüderie des frühen Christentums und der
Arroganz der männlichen „Konkurrenten" nicht viel erhalten geblie-
ben.
Zum anderen war sie die erste weibliche Erzieherin in Griechenland.
Eltern aus ganz Hellas brachten ihre Töchter zu ihr nach Lesbos. Von
ihr, ihrem Werk und den Schönheiten der Insel Lesbos handelt dieses
Buch zusammen mit Sagen und Mythen der Alten Griechen.

Siehe auch: **www.literatur.drvolkmer.de**

Weitere Bücher des Autors

Jenseits der Molaren

**Zahnmedizin oder
Zahn-Heilkunde**

ISBN 97838375058468
Books on Demand
2008

140 Seiten
Viele Abbildungen
Grösseres Format
17 x 22
22.50 EUR

Dieses Buch erschien in einer ersten Auflage im Jahr 1988.
In der Zwischenzeit hat sich jedoch vieles getan und geändert, so
dass zu diesem aktuellen Thema eine Neuauflage notwendig wurde.
Vieles aus der ersten Auflage wurde gestrichen und viel Neues hinzugefügt.
Es geht in diesem Buch um die Gegenüberstellung von klinischer
Universitäts(Zahn)Medizin und Biologischer Zahn-Heilkunde,
wobei in erster Linie ein Miteinander, eine Synthese angestrebt
wird.

Siehe auch: **www.literatur.drvolkmer.de**

Weitere Bücher des Autors

Homöopathie und Phytotherapie in der zahnärztlichen Praxis
Spitta-Verlag, überarbeitete Neuauflage 2013
Schmerz-Therapie und Biologische Zahn-Heilkunde
CoMed-Verlag, 1999. Vergriffen
Homöopathie - die sanfte (Zahn)Heilkunde
CoMed-Verlag, 2002
Zähne natürlich gesund erhalten - Sanfte Heilung durch
biologische Zahnheilkunde. Vergriffen
Die Kunst des Knirschens - eine kleine Konfrontations-Kunde
1994 Vergriffen
Selbstmord mit Messer und Gabel - Eine Bestandsaufnahme
unserer Ernährung, zZ nur als Neu-Auflage / E-Book
erhältlich
Amalgam-itäten - Reflexionen über ein dunkles Material
1992 Vergriffen
Wege zum Vegatest (Elektroakupunktur) Vergriffen

Weitere Informationen unter

www.literatur.drvolkmer.de
www.drvolkmer.de

Weitere Bücher sind in Vorbereitung.
Die jeweils neuesten sind unter den oben
genannten Internet-Seiten zu finden.

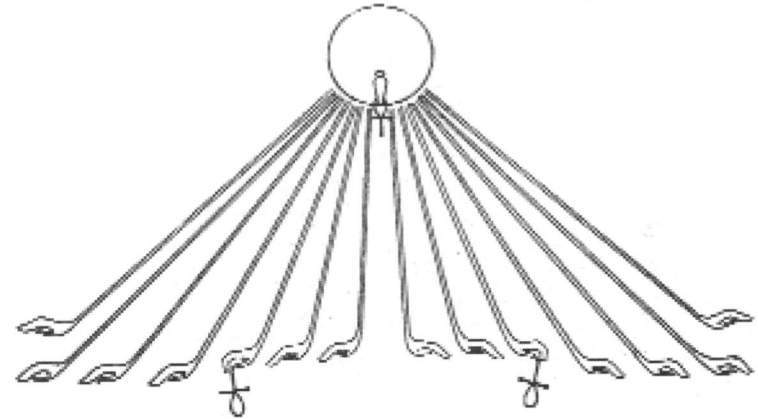

Aton - die Sonne als Gott mit den segen- und lichtspendenden Händen.
In der Sonnenscheibe als Königs- und Heils-Symbol
die aufgerichtete Uräus-Schlange.
Zwei Hände halten das Ankh-Kreuz als lebensspendendes Symbol.

Notizen